Sanando tu cuerpo
con metafísica

Sanando tu cuerpo con metafísica

James Bourque Starr

encuentro

EL LIBRO MUERE CUANDO LO FOTOCOPIAN

❄

Título de la obra: *Sanando tu cuerpo con metafísica*

ENCUENTRO es una colección de libros sobre temas que abren las puertas a la conciencia.

COORDINACIÓN EDITORIAL: Matilde Schoenfeld
TRADUCCIÓN: Araceli Castro Fajardo
DIAGRAMACIÓN: Ediámac

© 2011, 2013 Editorial Pax México, Librería Carlos Cesarman, S.A.
        Av. Cuauhtémoc 1430
        Col. Santa Cruz Atoyac
        México DF 03310
        Tel. 5605 7677
        Fax 5605 7600
        www.editorialpax.com

Segunda edición
ISBN 978-607-9346-01-0
Reservados todos los derechos
Impreso en México / *Printed in Mexico*

Gracias, Ari, por ser como eres
y amarme como sólo tú podrías hacerlo.

Jim

Agradecimientos

Hay momentos especiales en nuestras vidas cuando realmente entendemos las maravillosas bendiciones que recibimos; pero esto no pasa siempre, a veces es muy difícil identificar dichas bendiciones, aun cuando nos esforzamos por encontrarlas en cada área de nuestra existencia. Para mí fue muy fácil ver mi bendición, es mi Araceli. Ella entró en mi vida y desde entonces me ha amado y apoyado a cada instante. Dedico mi libro a ella, así como mi vida entera. A ella que me enseña cada día con esa sabiduría que va más allá de su edad. Ella es mi inspiración y mi motivación. Su contribución a este libro y a mi vida se extiende más allá del significado de estas palabras.

Índice

Índice de padecimientos

Introducción

Para aquéllos que *creen*, la prueba no es necesaria.
Para aquéllos que *no creen*, la prueba no existe.

¡Enhorabuena! Estás a punto de emprender un viaje hacia el conocimiento de tu salud como nunca antes alguien había imaginado. Este enfoque de "Nueva Era" en la sanación incorpora las cuatro partes o dimensiones del Ser auténtico: la mente, el cuerpo, las emociones y el espíritu.

Como médico intuitivo y con más de 26 años de experiencia en el ejercicio de sanar, he reunido un gran cúmulo de evidencia, la cual me ha servido para formular metafísicamente las conexiones entre cuerpo, mente, emociones y espíritu que aquí expongo. Una suma considerable de canalización intuitiva me ha servido también para deducir algunas de las conclusiones a las que he llegado.

En mi tarea, han sido de gran ayuda e inspiración los autores pioneros en el área metafísica y de la curación cuántica, como son el doctor John F. Demartini, Carolyn Myss, Louise Hay, el doctor Deepak Chopra, la doctora Christine Page, así como muchos otros que han escrito acerca de las conexiones entre la mente y el cuerpo; les estoy eternamente agradecido por haberme sumergido en las aguas de su sabiduría y clarividencia. El propósito de esta obra es crear una herramienta para entender de manera sencilla el porqué de los desafíos de tu salud y buscar una vía de sanación. Contiene tres secciones: en la primera, un diccionario metafísico dividido en cuatro categorías cuyo propósito es ayudarte a identificar determinadas características de tu propio desafío de salud. La segunda sección expone *la metafísica de las partes del cuerpo*. La tercera contiene una breve introducción a la interpretación de los mensajes que nos proporciona el Universo, incluyendo los animales que se aparecen en nuestro camino para darnos un mensaje.

Este libro no pretende en absoluto sustituir el criterio de la medicina tradicional sobre la enfermedad y los trastornos, sino, por el contrario, está concebido con el fin de añadir profundidad e introspección a lo que ya ha sido reconocido por tu médico.

No debes olvidar que se trata de tu cuerpo y de tu experiencia de vida aquí en la Tierra. Si tu médico no es capaz de apoyar la idea de que quieres asumir, de una manera muy positiva, la responsabilidad por tu propia enfermedad o trastorno, quizá debas considerar seriamente la posibilidad de obtener otra opinión. Porque de ser así, es posible que tu médico padezca "egoítis" o "controlitis", que le impiden compartir tu enfermedad contigo. Nadie tiene el derecho a negarte la oportunidad de desempeñar un ritual de introspección, del cual puedas aprender, prevenir enfermedades y crecer como ser humano. A fin de cuentas, ¿no es esa la principal razón por la que nos encontramos en este planeta?

¿QUÉ ES LA SANACIÓN FÍSICA POR MEDIO DE LA MENTE?

Literalmente, *meta* significa "más allá", y la palabra "física" hace referencia a nuestra *realidad física*. Esta obra puede usarse como guía para comprender la conexión entre los síntomas que uno experimenta (desafíos de salud) y la *lección o enseñanza* que de ello puede desprenderse para la propia vida. Al ir "más allá" o trascender los síntomas físicos, nos introducimos en esa dimensión donde volvemos a percibir con nuestros dones extrasensoriales de la intuición y con nuestra voz interior. Es aquí donde conectamos los accidentes y coincidencias que experimentamos con un panorama más grande que nos demuestra un orden perfecto en todos los acontecimientos de la vida.

En pocas palabras: no existen los accidentes. No hay coincidencias o casualidades. En consecuencia, no hay tampoco víctimas, sólo *experiencias*, las cuales nos enseñan cómo amarnos a nosotros mismos, a nuestros semejantes y a nuestro Dios, incondicionalmente, como quiera que tu Dios se llame. D.I.O.S. quiere decir Diseñador, Infinito, Omnipotente, Supremo.

¿CÓMO SE COMUNICA EL CUERPO?

Imagina que en el tablero de tu automóvil la luz del aceite se ha encendido. ¿Qué significa esto? ¿Indica que algo falla en la caja de fusibles?, ¿que se está acabando el aceite?, o bien, ¿que hay una fuga de aceite? ¿Es todo lo que esa luz encendida está indicando? ¿O podría querer decir también que no estás poniendo la debida atención al mantenimiento de tu auto y que llevas una vida demasiado agitada y es preciso centrar tu atención en el auto cuando lo usas? El síntoma (la luz del aceite) nos envía una señal obvia, pero detrás de ella subyace un mensaje con implicaciones significativamente más profundas. Ésas son las "luces del aceite" de nuestro cuerpo a las que llamamos síntomas. Esta obra te ayudará a leer las señales de tu cuerpo y a descubrir la sabiduría del mensaje subyacente. Puedes usarlo como una guía para ir más allá de lo aparente.

¿CÓMO USAR ESTA OBRA?

Consta de tres secciones, la primera es un diccionario metafísico dividido en cuatro categorías cuyo propósito es ayudarte a identificar determinadas características de tu propio desafío de salud. La primera columna de texto se ha destinado al síntoma o al término médico comúnmente usado para referirse a determinados desafíos de salud; es lo que se conoce como síntoma o enfermedad. Aunque no se enumeran aquí todas las enfermedades, trastornos o síntomas, aparecen los más comunes y se irá llevando a cabo una actualización continua. La segunda columna describe cuál es, desde el punto de vista metafísico, la conexión entre la mente y el cuerpo. Es aquí donde quizá quieras profundizar para percibir los desafíos de tu propia vida y aplicar las interpretaciones generales de una manera muy personalizada. Abre tu mente de forma que puedas beneficiarte con las sugerencias que te ayudarán a encontrar la aplicación específica.

La tercera columna indica los *chakras* correspondientes relacionados con el trastorno o con la conexión metafísica. Para una descripción más detallada del término *chakra*, consulta el *Glosario de términos y expresiones* que aparece al final del libro. De manera resumida, el *chakra* va a conectar el síntoma físico con el área emocional del cuerpo y las implicaciones metafísicas asociadas.

La cuarta columna señala la lección subyacente, la cual se ofrece de manera constructiva con el objetivo esencial de proporcionar apoyo y guía. Es como una cucharada de medicina metafísica que cada lector puede decidir tomar con el fin de aprender una más (o muchas más) de las lecciones de la vida. Cada sugerencia es parte de la solución que te conduce hasta la raíz de la enfermedad o desafío, en un nivel energético.

La segunda sección contiene *la metafísica de las partes del cuerpo*, y se centra en la información sobre cada parte anatómica del cuerpo, en lugar de enfocarse en la enfermedad o el desafío de salud, como en la primera sección. Esta parte puede servir como referencia cruzada, dependiendo de tu deseo de profundizar o de la información que necesites recabar de este libro. La segunda parte de esta sección contiene una guía de inspección para la lectura corporal, que te ayudará mucho a la hora de relacionarte con los demás o simplemente para leer lo que tu cuerpo está diciéndote y tú no te das cuenta.

La tercera sección nos enseña a interpretar los mensajes del cuerpo como tal, no de síntomas como en el diccionario; además, encontrarás las claves para interpretar los mensajes que hay en los accidentes, coincidencias, animales, etcétera.

Cuando hayas leído la conexión entre mente y cuerpo, pondera su aplicación en tu vida, reflexiona sobre tus actitudes y experiencias. Observa la conexión con determinado *chakra* o niveles de *chakras* y luego descubre el "probable significado", en tanto que corresponde a tu desafío de salud o síntoma. Confía en que las páginas que estás leyendo son algo especial y no existen las casualidades, pues el mensaje que contienen está destinado exclusivamente a ti. Contempla, reflexiona y medita acerca del mensaje divinamente creado para tu beneficio. Gózalo.

1. Enlista aquellos síntomas o desafíos de salud que experimentas.

_____

_____

_____

_____

_____

_____

_____

_____

_____

_____

_____

_____

_____

_____

_____

_____

_____

_____

_____

_____

2. Escribe tu propia definición de salud.

_____

_____

_____

_____

_____

_____

_____

_____

_____

_____

_____

_____

_____

_____

_____

_____

_____

_____

_____

_____

Desafíos de la salud

Antes de que consultes el diccionario metafísico te presentamos una breve explicación de los siete chakras, ya que ahí aparece la relación o conexión metafísica de éstos con el trastorno o síntoma, y exponemos cuatro leyes universales que te ayudarán a comprender la lección subyacente de los desafíos que enfrenta tu salud, expuesta en la cuarta columna del diccionario, titulada "Percepción y sanación".

EL SISTEMA DE LOS CHAKRAS

Los siete chakras principales están localizados en el aura, que se conoce como *cuerpo etéreo*. Cada uno tiene sus cualidades, características y funciones que interactúan con las demás como una red por la que transita la energía de la fuerza vital que conecta las dimensiones: mente, cuerpo, emociones y espíritu.

CHAKRA 1. Llamado *Chakra Raíz*, se localiza en la base de la columna vertebral, cerca del coxis. Capta la energía de la fuerza vital de la Tierra y conecta tus necesidades básicas de supervivencia (alimentación, abrigo y cobijo) con las necesidades más altas y espirituales (inspiración, gratitud, amor incondicional...). Este chakra te liga con las necesidades de pertenencia al grupo (familia, amigos y comunidad). Un primer chakra sano te permitirá nutrirte de las fuentes más profundas de la energía vital, lo cual te habilitará para utilizar el poder curativo de las manos en ti y en los demás. Puedes usar esta energía para ser la más creativa de las personas en cualquier campo, porque esta fuerza vital te permite magnetizar a las personas, los lugares y los acontecimientos de manera que puedas crear todo lo imaginable. La energía se pierde cuando sientes la pérdida de conexión con la madre tierra o con las necesidades básicas de supervivencia. Las "víctimas" del mundo han perdido energía en este chakra. Los "instintos maternales" soportan la energía en este chakra, porque son los instintos de protección y defensa de la tribu, de supervivencia; por eso cuando este chakra es afectado, provoca enfermedades autoinmunes que afectan a una sociedad entera. Cuando no sientes la protección o el apoyo familiar o de tu grupo hay una fuga de energía y bajan tus defensas hasta provocar enfermedades autodestructivas. Cuando se pierde la energía de este chakra se producen síntomas físicos que involucran la parte inferior de la columna vertebral y la pelvis, el colon, las piernas, los riñones y las glándulas suprarrenales, así como el esqueleto completo, ya que los huesos son la estructura y fuerza de nuestro cuerpo físico. Los síntomas emocionales de inseguridad, violencia, miedo e ira están relacionados con el chakra básico.

CHAKRA 2. Llamado *Chakra Sacro*. Se encuentra justo abajo del ombligo. Controla nuestras necesidades vitales de dinero, sexo y poder. Un segundo chakra sano te proporciona un sentido de bienestar y de tener suficiente de todo en la vida. Has aprendido a dar lo mismo que a recibir y a funcionar bien en relación con la pasión o el deseo sexual, y con el placer. Los síntomas físicos que involucra se relacionan con los ovarios, testículos, vejiga, próstata, bazo y genitales. La pérdida de energía en este chakra produce desequilibrios emocionales que se manifiestan en desarreglos, de exceso o deficiencia, en la alimentación o en la vida sexual, en impotencia, celos y necesidad de controlar. Los "mártires" del mundo han perdido energía en este chakra, mientras que los "emperadores" han conseguido en él su dominio.

CHAKRA 3. Llamado Chakra del Plexo Solar. Está localizado encima del ombligo en la región del estómago y abdomen. Activa la función de la digestión, tanto de los alimentos que ingieres como de las emociones por las que pasas. Este chakra es el centro de tu autoestima, el yo –la estima y el poder personal–. Si el tercer chakra no está sano, originará desequilibrios impulsados por el ego que darán por resultado la acumulación de emociones profundamente enraizadas. Los problemas gástricos como úlceras e indigestión son signos claros de pérdida de energía en este chakra. El páncreas, hígado, vesícula y glándulas suprarrenales están conectados con el tercer chakra. Cuanto más baja sea tu autoestima o cuando tu ego está fuera de control, se reflejará en fuertes pérdidas energéticas en este centro, mientras que una personalidad de "Guerrero Sensei" es reflejo de que el tercer chakra está equilibrado.

Chakra 4. Llamado *Chakra del Corazón o Cordia*l. Está localizado en el pecho, en el centro cerca del esternón o hueso plano del pecho. Éste es claramente el chakra más importante de tu ser energético, pues representa el amor incondicional de uno hacia los demás y hacia el Universo. Es el centro del perdón y la compasión. Así como el corazón es el órgano más importante del cuerpo, el Chakra Cordial actúa como enlace entre los chakras de los instintos físicos (1, 2, 3) y los chakras que regulan la esencia espiritual (5, 6 y 7). Con frecuencia expresa nuestros más profundos significados en la vida y el amor a través de las corazonadas o experiencias que "sentimos con el corazón". La expresión bíblica nos dice que "para dar, uno tiene que saber recibir, de igual manera que para recibir, uno tiene que dar". Debes aprender primero a amarte a ti mismo sin condiciones y luego extender ese amor al mundo. Muchas personas con una autoestima baja aprenden a dar, pero no a recibir. Otros más, que han adquirido la capacidad de cerrar su corazón emocional con el fin de no sentir el dolor de una pena, desarrollan congestión como consecuencia de la falta de expresión, lo cual deriva en trastornos como insuficiencia cardiaca congestiva o ataques cardiacos. Las actrices y actores del mundo representan falsas imágenes de amor, en un nivel muy superficial y carente de riesgos, mientras que el verdadero amante que está dispuesto a correr cualquier riesgo por el objeto de su amor experimenta la dicha y la entrega completas del amor incondicional.

Chakra 5. Llamado *Chakra de la Garganta*. Es el vehículo mediante el cual puedes dar voz a tu verdad, demostrar tu expresión personal, ejercer tu poder de voluntad y por último comunicar tus sentimientos y pensamientos a los demás. Al igual que nuestra garganta física se ve desprotegida simplemente por su situación anatómica, el chakra de la garganta es el más fácilmente vulnerable a las experiencias negativas y a las propias percepciones de los acontecimientos que han ocurrido. Cuando un niño es duramente reprendido, lo primero que hace es bajar el mentón para proteger el chakra de su garganta. Como adultos, solemos disfrazar lo que realmente queremos decir cubriéndonos la boca con la mano o carraspeando para aclarar la garganta mientras hablamos. Algunas personas reprimen sus sentimientos internos y enmascaran el chakra de la garganta de distintas maneras: comen en exceso, fuman, abusan del alcohol y las drogas. Los desafíos de salud en la garganta, tiroides, dientes, labios y bronquios son señales típicas de un quinto chakra enfermo. Una muestra de un quinto chakra sano es el individuo que dice lo que piensa con claridad e integridad.

Chakra 6. Llamado *Chakra Frontal*. Está localizado entre los ojos, en la zona comúnmente conocida como el "tercer ojo". Es el centro del pensamiento, el análisis, la imaginación y los poderes intuitivos. El desarrollo de la intuición y el poder psíquico reside en este chakra. Regula el equilibrio que siempre buscamos entre el cerebro derecho (creativo, emocional) y el izquierdo (analítico, lógico), a fin de poder optimizar nuestra conexión con las experiencias terrenales, así como las experiencias celestiales o espirituales. Para alcanzar realmente un alto nivel de bienestar y satisfacción, es necesario que tu sexto chakra esté sano. Cuanto mayor desarrollo alcances en esta área, más cerca estarás de realizarte totalmente.

Las pérdidas de energía en el sexto chakra son por lo común el resultado de inclinarnos demasiado al lado intelectual de uno mismo. Un cerebro que acumula gran cantidad de datos está basado en el ego y por tanto no aprecia la vida tal y como acontece. Un cerebro izquierdo poco desarrollado y un cerebro derecho dominante causará confusión y dudas con una gran falta de planificación, lo cual da como resultado un modo de vida de supervivencia cotidiana que acaba por estancar el crecimiento general de la persona. Aquéllos que pierden energía en el sexto chakra pueden desarrollar trastornos neurológicos tales como epilepsia, alzheimer, esclerosis múltiple y otros. Un sexto chakra sano conduce a la apertura del séptimo chakra, el cual despejará el camino para tu conexión con la Inteligencia Universal y el Espíritu.

CHAKRA 7. Llamado el *Chakra de la Coronilla.* Puede considerarse la joya de todos los chakras. Es la esencia de nuestra espiritualidad. Es la "conciencia divina" y la conexión con la Fuente Infinita de Luz y de Amor. Las pérdidas energéticas del Chakra de la Coronilla son por lo general consecuencia de un ego fuera de control, dominado por la arrogancia. La persona piensa que es totalmente responsable de todas las bendiciones que ha recibido en su vida y no reconoce la existencia de la espiritualidad o de una Fuerza Conductora Superior. Los síntomas clásicos de la pérdida de energía en el séptimo chakra son la depresión y la ausencia de emociones. Cuando la persona manifiesta haber alcanzado todas sus metas en la vida y se adjudica el mérito personal por ello, sin reconocer la acción de una fuerza superior, toca con sus manos el "techo" emocional de la autorrealización y la depresión comienza a aparecer. La gratitud y la humildad son las únicas herramientas que pueden curar esta gran flaqueza. Un séptimo chakra equilibrado, por el contrario, es evidente en la persona que ha conseguido el dominio de su espiritualidad, reconociendo que existe una "Unicidad en el Universo" y no hay nada que falte. Por tanto, nada se necesita. Esta persona ha alcanzado el dominio de la ley del magnetismo y la atracción y ha triunfado sobre las debilidades humanas del juicio y la crítica. La energía universal fluye a través de ella y, aun cuando con su intervención las vidas de otros quedan positivamente transformadas, no reconoce mérito personal alguno por ello.

CUATRO LEYES UNIVERSALES

1. **Ley de la conservación de la energía** (Albert Einstein). La energía no se crea ni se destruye, sólo se transforma. Un cubo de hielo con el calor se transforma en agua y con más calor se evapora, pero no es posible destruir su esencia. Igualmente, la percepción de que algo falta o hay un vacío es una ilusión. Es preciso buscar dónde está, aunque tenga otra forma. Por ejemplo, una persona que no puede tener hijos y sufre por eso, si busca bien en su vida, podrá darse cuenta que ha puesto su energía maternal en sus sobrinos, pacientes, animales... Ellos son sus hijos, pero como no lo ve sigue sufriendo por este "vacío", cuando se dé cuenta de esto, su percepción cambiará y no sentirá más ese vacío.

2. **Estamos hechos de luz.** La materia en el Universo, desde las estrellas y planetas hasta nuestro cuerpo físico, está conformada de ondas de vibraciones de luz. Nuestra mente, con sus pensamientos e ideas, también está hecha de ondas de vibraciones de luz. En física se ha demostrado que la luz tiene dos cargas: positiva y negativa. Cuando las dos cargas están combinadas, se crea luz. No importa si estamos hablando del cuerpo físico, la mente o las emociones. Dicha luz es "la luz divina" de la cual somos parte. Jesucristo dijo: "Soy la luz."

3. **Tus ideas y pensamientos pueden estar ordenados** y ser estables (con gratitud) o en caos e inestables (con ingratitud), y sólo con el amor se mantiene el balance. Puedes subir tu potencial con

amor incondicional. Puedes bajar tu potencial con emociones que se mueven desde las positivas (bondad, felicidad, enamoramiento) hasta las negativas (maldad, tristeza, resentimiento).

Amor incondicional = emoción positiva + emoción negativa

4. Ley del espejo. Todo aquello que juzgamos o tratamos de cambiar en otros, son reflexiones de lo que nosotros mismos somos o experimentamos. Cualquier situación que no podamos resolver, vamos a repetirla o atraerla hasta aprender la lección de amor. Cuando sientas que alguien o algo te molesta mucho, busca y seguramente encontrarás esa característica dentro de ti; si en lugar de juzgar a los demás miras hacia adentro y trabajas con tu ser interior, verás lo que pasa con tus percepciones y tu nueva manera de ver el mundo. ¿Qué es lo que más te molesta de cierta persona? Ahora busca dónde tienes esa característica. ¡Ah!, ya te diste cuenta. ¿No? Busca bien, a veces es en diferentes formas. Por ejemplo, una persona adicta puede serlo al alcohol o a la televisión, a ser la víctima o a quejarse. Lo que te molesta de alguna persona es que sea muy controladora, y quizá tú lo eres contigo mismo, con tus alimentos, con tus amigas, con tus hijos… es una ley que no admite errores, cuando alguien hace algo que te molesta mucho es porque tú tienes esa característica y no quieres verla y aceptarla en ti. Las personas y los sucesos llegan a nosotros con el único objetivo de enseñarnos que lo que hay afuera, hay adentro. Así que en lugar de juzgar a alguien, la próxima vez, pregúntate: "¿en qué soy así?" Y comenzarás un viaje hacia la tolerancia a los demás y el crecimiento personal.

Diccionario Metafísico

A

Síntoma o dolencia	Conexión mente-cuerpo	Chakra(s)	Tu percepción y tu sanación
Aborto espontáneo	Miedo al futuro. La coordinación de tiempos en la vida no es oportuna.	1, 2, 3	No es un castigo, las cosas son como deben ser. Cada espíritu elige su propia experiencia. Dios me ama, y estoy lista para un nuevo momento.
Absceso	Alguien o algo te está provocando gran enojo y te está destruyendo. Ira o resentimiento acerca de algún suceso.	2, 3, 5	Expresa tus enojos y libérate. Los demás tienen poder en ti sólo si tú lo permites. No vale la pena perder el regalo del presente. Revisa la Ley del Espejo en la primera sección.
Absceso periamigdalino	Una fuerte creencia de que no puedes hablar por ti mismo.	3, 5	Tienes el derecho a decir y vivir lo que tú quieras. Confía en ti, y arriésgate, qué importa lo que piensen los demás.
Accidentes	Estás dormido; no prestas atención; estás ubicado en el pasado. Mentalidad de víctima.	3, 6	Deja de vivir en el pasado, éste es un mensaje de vive aquí y ahora, ponte alerta. Piensa a dónde ibas cuando tuviste el accidente, quizá no debes ir por ese camino de la vida.
Achaques	Anhelo emocional de amor o de atención. Falta de cariño o de contacto con los demás. Percepción de soledad, de estar abandonado o ser poco apreciado.	3, 4	Primero debes encontrar el amor dentro de ti, ámate, consiéntete. Ahora busca dónde si estás recibiendo amor aunque sea en otras formas. Si quieres más amor, da más amor.
Acidez	Preocupaciones del futuro y/o alguien o algo está provocando furia (ardor) en el presente.	2, 3	El futuro no existe todavía, si vives un buen hoy, estás creando un buen mañana. Si reaccionas negativa o positivamente ante los demás sólo depende de ti, no tomes las cosas personalmente y sé más comprensivo. Ámate más y sé menos autocrítico.

A

Síntoma o dolencia	Conexión mente-cuerpo	Chakra(s)	Tu percepción y tu sanación
Acné	Inseguridad interna, falta autoapreciación. No te gustas a ti mismo.	3	Eres una luz divina exactamente como eres, todos los días repítete internamente que te amas mucho, que eres hermoso y valioso, poco a poco comenzarás a sentir más amor por ti mismo.
Adenoides	Incapacidad de hablar con franqueza en situaciones familiares. Sensación de estorbar.	1, 3, 5	Confronta a tu familia y date cuenta que te aman incondicionalmente, no tienen que estar de acuerdo, solamente respetarse. Ámate más y verás cómo se te respeta más. Recuerda que lo que ves afuera es un reflejo de ti mismo.
Adicción	Buscar placer para huir del dolor. Experimentar culpa por un hecho del pasado, no dar lugar al perdón.	3, 4, 7	Cada crisis es tu bendición, así que encuentra dónde éste hecho te sirvió en la vida, y reinvéntate. Cada día es una nueva oportunidad para comenzar de nuevo.
Addison (enfermedad de)	Vacío de emociones. Enojo contigo mismo. Al no poder expresar la ira contra alguien, aumenta el enojo con uno mismo.	3, 5	Date permiso de liberar y expresar tus enojos. Eres libre de sentir y expresarlo. Eres un ser maravillosos, sé tu mejor amigo y sé más suave contigo mismo.
Agruras	Deseo ardiente de expresar amor y evitar penas.	4, 5	Asume el riesgo de hablar con el corazón. Te sorprenderás de lo que recibes cuando das amor.
Albino	No quieres verte a ti mismo ni aceptar quién eres. No permites recibir la luz del exterior.	3	Busca la luz dentro de ti, la lección de esta vida es iniciar un viaje interno para descubrir quién eres y cómo puedes ayudar al mundo. Me amo y soy digno de ser amado.

A

Síntoma o dolencia	Conexión mente-cuerpo	Chakra(s)	Tu percepción y tu sanación
Alcoholismo (adicción)	Autoderrotado. Falta de misión en la vida. Falta de adecuación para encarar los desafíos de la existencia. Sensación de inutilidad. Ahogado en la propia pena. Solicitud de que te saquen de este plano para no experimentar el dolor.	3, 4, 5, 7	Busca tu misión ¿A qué viniste a este mundo? Confía que Dios tiene un plan para cada persona. Dejo de ser víctima para ser responsable de mis acciones y mi destino. Tengo el valor de comenzar de nuevo. Soy digno de amor y ser amado.
Alergia	Irritación o rechazo hacia un suceso. Negar el propio valor. Te sientes inseguro frente a las circunstancias y no vislumbras soluciones.	1, 2, 3	Confía en el plan divino y amate más a ti mismo. Ten paciencia y observa cómo este suceso sirve a tu crecimiento. Soy un ser maravilloso, fuerte y me amo muchísimo.
Almorranas	Vea hemorroides.		
Alzheimer (enfermedad de)	Deseo de volver al espíritu de la infancia. Querer estar "fuera". Culpa por el pasado. Esa culpa se percibe como abrumadora.	3, 6	Acepta tu responsabilidad y delega el resto, no cargues con todo, recuerda que no hay víctimas. Concéntrate en las cosas buenas que te da la vida y que tú puedes hacer por los demás. La culpa no te sirve. Inicia otra vez de una manera distinta.
Amigdalitis	Mucho miedo de expresar tus sentimientos más profundos y tu opinión respecto a las cosas importantes.	3, 5	Date permiso de expresar lo que sientes porque es tu verdad, la reacción de los demás depende de ellos.
Amnesia	Querer olvidar lo que sucedió. Miedo a encarar la verdad. Inseguridad para revisar sucesos en la vida. Los encerraste en un armario y te deshiciste de la llave.	5, 6	Encuentra las bendiciones en el evento para cambiar tu percepción, encara la verdad y ésta te hará libre. Nada vale la pena para perder la oportunidad de vivir hoy.

A

Síntoma o dolencia	Conexión mente-cuerpo	Chakra(s)	Tu percepción y tu sanación
Ampollas	Irritación por no confrontar tus retos, falta de confianza en tus propias decisiones. Tus defensas están fatigadas.	1, 3	Toma decisiones desde tu corazón y confía en ellas. Defiende tu posición porque tu corazón nunca se equivoca, pero amorosamente y respetando a los demás.
Anales (problemas)	Miedo a liberar las emociones. Retención de sentimientos constreñidos. Problemas familiares.	1, 3	Encuentra tu propia forma de expresarte y no retengas tus sentimientos. Escribe, ora, medita, pero saca de tu cuerpo lo que quieres decir. Confía en ti. Cada ser tiene su propio camino y lección.
Anemia	Percibes que la sangre (familia) no está apoyándote en tus valores más altos y esto provoca que te sientas débil.	1, 3	Busca áreas en tu vida donde el universo te está apoyando y cómo tu familia te apoya de maneras diferentes, a veces tienes que buscar en dónde consideras que te están dañando, pero al mismo tiempo empujan tus valores más altos.
Anorexia	Miedo extremo al rechazo y a odiarte a ti mismo. Autodestrucción y querer castigar a los demás. Muy baja autoestima. Te rindes a todo, incapaz de recibir cariño.	3, 4	No importa lo que hiciste o no hiciste, eres digno de amor. Eres un ser divino, busca las características buenas de ti y enfócate en ellas. Usa tus dones y encuentra cómo aplicarlos para ayudar al mundo.
Ansiedad	Falta de confianza en los procesos de la vida. Temor al futuro. Inseguridad propia y del curso de las cosas señalado por Dios.	1, 3, 7	Encuentra tus talentos y actúa, no esperes a que alguien te dirija. Si no actúas, la vida te hará actuar, mejor hazlo despacio y a tu ritmo, pero ponte en marcha. Confía en el proceso perfecto de la vida.

A

Síntoma o dolencia	Conexión mente-cuerpo	Chakra(s)	Tu percepción y tu sanación
Apatía	Miedo al dolor y pérdida. No encontrar una misión, ninguna razón de la que ocuparse.	3, 7	Medita y escucha tu voz interior y obedécela para encontrar tu misión. ¿Qué amas hacer? ¿Qué es lo que más te gusta? Enfócate en ello.
Apéndice (problemas de)	Miedo a ser atacado. Imposibilidad de librarse de la negatividad. No poder manejar la negatividad de una persona determinada, la cual se percibe como malvada o negativa.	2, 3	Ama a la persona como es y encuentra las bendiciones de su presencia en tu vida. A veces el rechazo o los malos tratos te dan fuerza, valor, independencia. Las experiencias de la vida nos hacen ser quienes somos hoy. Siéntete orgulloso y recuerda que todo tiene un porqué. Revisa la Ley del Espejo en la primera sección.
Apetito (anomalías del)	Miedo y necesidad de protección. Falta de autoestima o de confianza que se encubre poniéndose una sólida máscara social.	3, 4	Debes aprender a amarte a ti mismo, encuentra tus dones y tus puntos maravillosos, y disfrútalos.
Apetito excesivo	Necesidad de recibir gratificación instantánea por todo el sufrimiento en tu vida, llenando vacíos emocionales.	3	Come con moderación y sanamente para crecer el amor en ti; intenta buscar tus bendiciones diariamente en formas diferentes a las que esperas. Encuentra tus dones y aplícalos en actividades donde ayudes a los demás. Eso es alimento para el alma.
Apetito (falta de)	Miedos y preocupaciones del futuro.	3	Ama la vida exactamente como es porque hay un plan divino y todo es perfecto. Disfruta cada día como si fuera el último, en vez de temer al futuro incierto.

A

Síntoma o dolencia	Conexión mente-cuerpo	Chakra(s)	Tu percepción y tu sanación
Apoplejía	Rendirse. No se recibe suficiente atención y cariño.	3, 4, 6	Encuentra las bendiciones en los aspectos de tu vida y de tu amor. ¿Dónde si recibes el amor y apoyo de maneras diferentes a las que esperabas? Saca de tu alma tu verdadera razón de existir y vive para ello. Escucha tu interior.
Arterias (problemas en las)	La dicha y la alegría no pueden circular en el área familiar. Percepciones equivocadas de cuestiones familiares.	1, 4	Tu familia es tu mejor maestro, encuentra los puntos donde si te apoyan, y aprende y agradece por las lecciones. Perdona y sigue adelante con tu camino. Gracias a todos por hacer lo que hicieron, hoy tengo un presente hermoso y lo vivo con amor y gratitud.
Arteriosclerosis	Inflexibilidad relativa al amor en la familia. Visión parcial de una tensión familiar que obstruye la capacidad de amar con libertad a la familia.	1, 3, 4	Estás inmerso en el lado negativo, ahora busca el lado positivo. Todo tiene dos lados. Agradece cada situación. Dios no comete errores.
Articulaciones (problema de)	Necesidad de flexibilidad en las decisiones de la vida. Controla el ego.	3	Sigue en armonía el curso de la vida y escucha también las opiniones de los demás.
Artritis	Amargura y resentimiento hacia el amor en la familia. Sentimiento por no ser amado, no ser apreciado o no tener valor.	1, 3, 4	Tu precepción es sólo una ilusión, busca el amor de tu familia en otras formas y libérate de resentimientos. Ama y confía.
Artritis gotosa	Impaciencia o enojo. Ego fuera de control.	3, 4	Practica la humildad y entiende que todos estamos aquí para amar. Detrás del enojo está el miedo y detrás de éste la falta de amor. Si quieres más amor comienza por dar más amor.

Síntoma o dolencia	Conexión mente-cuerpo	Chakra(s)	Tu percepción y tu sanación
Artritis reumatoide	Enojo e irritaciones por los rechazos familiares, por falta de amor y apapachos.	1, 3, 4	Eres una luz divina y el universo te ama y apoya. Busca realmente dónde tu familia te está dando su amor, a veces hasta el rechazo es un apoyo y confirmación de tu verdad, y eso es amor.
Asma	Ahogado por la culpa o la sensación de que no te aman. Incapacidad de sentirse libre e independiente.	3, 4, 5	Hay bendiciones en cada crisis, Dios no comete errores. Vive aquí y ahora, y te sentirás libre. El amor y la confianza en ti mismo comienzan dentro de ti. Arriésgate y comienza una nueva vida.
Asma infantil	Miedo a la vida en general. No querer permanecer en el cuerpo físico. Rechazo de los padres al embarazo por razones egoístas, de manera que el bebé se siente no deseado.	1,3, 4,	El mensaje para los padres es aprender a amar este regalo y aprender a dar y recibir. Abre tu corazón y hazle sentir mucho amor a tu hijo. Concéntrate en las bendiciones que este ser ha traído para ti.
Astigmatismo	Confusión interior. No querer ver el yo verdadero.	3, 4, 6	Necesidad de amarse y apreciarse a sí mismo. Confróntate a ti mismo.
Ataques de asfixia	Miedo de los cambios. No encuentras la inspiración para ir hacia adelante en la vida.	3	Ten la confianza y motivación para crecer internamente y entiende que la única constante en la vida es el cambio.

B

Síntoma o dolencia	Conexión mente-cuerpo	Chakra(s)	Tu percepción y tu sanación
Bazo	Obsesiones por ciertas cosas, en especial, cuestiones familiares.	1, 3	Ama a tu familia y confía en que ellos también te corresponderán. Comienza por dar lo que quieres recibir.
Boca (problemas en)	Incapacidad de expresar lo que te preocupa.	3, 5	Comunica tus necesidades y deseos con certeza. Confía en que lo que viene de tu corazón siempre será agradecido.
Boca (úlceras)	Resentimientos y enojo no expresados contra alguien.	1, 2, 5	Deja de culpar a los demás porque tú no te atreves a expresar lo que quieres. No guardes ira y rencor, mejor ten valor de decir lo que quieres y sientes. No importan las reacciones de los demás, yo expreso mi verdad con amor.
Bocio	Ira profunda a causa de deseos reprimidos. Te sientes refrenado, frustrado.	3, 5	Externa tu opinión independientemente de las opiniones de los demás. Confía y arriésgate. Soy libre y me siento bien de externar lo que tengo en mi corazón.
Brazos (problemas con)	Necesidad de aferrarse a algo o de desprenderse de algo o de alguien. Miedo a perder el amor, o a la soledad.	2, 3, 4	Dios está contigo y te ama. El amor no se puede perder, sólo se transforma a otra persona, cosa, etcétera Revisa la Ley de la Conservación de la Energía en la primera sección.
Bright síndrome	Situaciones familiares o del grupo en el que te desenvuelves te hacen sentir incompetente, te comparas con los demás y nunca puedes sentirte bien contigo mismo.	1, 3	Ámate a ti mismo y concéntrate en tus victorias y en tus características positivas, cumple tus metas y sigue creciendo. Eres libre de ser quien eres, no importa lo que los demás piensen.

B

Síntoma o dolencia	Conexión mente-cuerpo	Chakra(s)	Tu percepción y tu sanación
Bronquitis	Deseo de gritar a causa de cuestiones familiares.	1, 5	Di lo que sientes y al mismo tiempo mantén la paz interior. Hazlo con amor y será muy benéfico para todos.
Bursitis	Enojo a causa de culpa o responsabilidad.	3, 4, 5	Delega responsabilidad a fin de que puedas disfrutar de nuevo lo que haces.

C

Síntoma o dolencia	Conexión mente-cuerpo	Chakra(s)	Tu percepción y sanación
Cabeza (dolor de)	Miedo a que una decisión equivocada afecte la supervivencia. Pelea entre el intelecto y el corazón.	1, 4, 6	Confía en la voz interior y no en el intelecto. No puedes equivocarte, cada decisión forma parte de tu crecimiento. Recuerda que siempre puedes volver a empezar.
Cadera (problemas de)	Necesidad de recibir apoyo de la familia.	1, 3	Ama tu independencia y siéntete fuerte y seguro contigo mismo. Busca las formas en las que tu familia si está apoyando tus valores más altos. A veces lo hace de manera distinta a la que tú piensas.
Calambres	Temores futuros. Aferrarse. Tensión emocional.	3	Detente, espera y cuando estés listo y dispuesto, avanza a tu propio paso. Confía en el plan de la vida. Relájate.

C

Síntoma o dolencia	Conexión mente-cuerpo	Chakra(s)	Tu percepción y sanación
Cálculos biliares	Posición firme. Inflexibilidad por ego. Amargura y enojo.	3	Respeta las opiniones de los otros con flexibilidad y aplica la sabiduría desde tu corazón y no desde tu orgullo en todas las situaciones. Mira al mundo con amor y comprensión y a ti mismo también.
Calvicie	Desconexión con el espíritu, no tener confianza en la vida más que a través del intelecto y el ego.	3, 6, 7	Busca la espiritualidad a través de la fe y no del intelecto. Deja de ser sólo tú, date cuenta de que somos uno con Dios. Medita.
Callos	Miedo y fuerte resistencia al cambio.	1, 3	Necesitas abrirte a nuevas ideas.
Canas	El estrés va en aumento y no ves una solución.	3, 6	Estoy tranquilo y confío en el universo. Dios está ayudándome a solucionar mis retos. Confía.
Cáncer	Resentimiento, ira o dolor profundo que te destruye por dentro. Autodestructivo.	2, 3, 4	Aprende a liberar el resentimiento; entender cómo los acontecimientos finalmente te han revelado el amor. Me amo y apapacho más que nunca.
Candidiasis	Te sientes culpable al disfrutar tu sexualidad. Falta de confianza en tu relación.	2, 3, 4	Merezco recibir caricias, amor y todo aquello que sea recíproco al amor que yo doy a mi pareja y a los demás. Me amo mucho y disfruto mi placer.
Cara (problemas de)	No querer hacer frente o encarar los problemas.	5, 6	Encara los desafíos y habla con la verdad.

C

Síntoma o dolencia	Conexión mente-cuerpo	Chakra(s)	Tu percepción y sanación
Carbúnculo	Lleno de negatividad por un suceso que ha pasado varias veces en tu vida y no has querido confrontar, o un grupo de personas por las que te sientes atacado. Te sientes intoxicado.	1, 2, 4	Estoy soltando las cosas que pasaron y encarando el presente donde sí puedo hacer una diferencia. Revisa la Ley del Espejo en la primera sección.
Cardiacos (problemas)	A las heridas emocionales más profundas no les das expresión.	4, 5	Aprende a confiar en Dios. Ama a todos incondicionalmente y comunícaselos.
Cataratas	La oscuridad se cierne sobre el futuro.	3, 5, 6	Mirar al interior para encontrar la paz ahora. Confía en el plan divino.
Catarro	Vea gripe.		
Células falciformes	Creencia de que no se es suficientemente bueno para algo.	3	Confía en que eres amado y apreciado por mucha gente, aunque no olvides que el verdadero amor comienza dentro de ti.
Celulitis	Heridas del tiempo pasado que causaron dificultades en tu autoestima en relación con el sexo opuesto, y te impiden avanzar en el área de la sensualidad y las relaciones con los demás.	1, 2, 3	Suelto mi pasado porque entiendo que mis experiencias fueron parte de mis lecciones; gracias a Dios, avanzo con independencia y fuerza. Encuentro las partes que más amo de mí y les saco provecho. Me acepto como soy y me amo muchísimo.
Cerebrales (problemas)	Confusión, viejas creencias frente a una nueva conciencia.	1, 6	Escucha la voz interior y obedécela con fe. Dios procurará la guía, y la mente seguirá al corazón.

C

Síntoma o dolencia	Conexión mente-cuerpo	Chakra(s)	Tu percepción y sanación
Cerebro (tumores)	Autocrítica de tus formas de pensar, ideas y la manera de mirar la vida.	3, 4, 6	Mis ideas y pensamientos me sirven para crecer en conocimiento y conciencia, no importa si los demás no están de acuerdo, pero también soy flexible y estoy abierto a nuevas ideas y cambios. Soy perfecto como soy y estoy abierto a escuchar nuevas ideas.
Ciática	Miedo por asuntos de dinero. Culpa del pasado que te impide avanzar.	1, 3	Valórate más a ti mismo. Despréndete de sucesos pasados. Vive en el presente, eso te servirá más a ti y a los que te rodean.
Cirrosis	Ira o frustración en aumento. Rendirse en la búsqueda de soluciones.	1, 3	Despréndete del pasado y comienza una nueva vida. Aprende del enojo pero no te quedes con él, no busques soluciones al pasado, mejor comienza de diferente forma.
Codo (problemas en el)	Inflexibilidad para entrar en el mundo.	4, 5	Necesidad de asumir riesgos o de aceptar un cambio. Sé flexible para poder ver las nuevas cosas que te presenta la vida, déjate sorprender.
Colapso nervioso	Vea nervios.		
Colesterol alto	Las cuestiones familiares obstruyen el curso de la alegría de vivir.	1, 4	Necesidad de abrirse y dejar que la vida fluya de manera natural. Confía en que la familia te ha enseñado lecciones desde las diferentes situaciones, ámala y deja entrar la alegría en tu vida. Recuerda que amar no significa que tengas que convivir o aceptar cosas que van en contra de quien eres. Sólo respeta, aprende y libérate.

C

Síntoma o dolencia	Conexión mente-cuerpo	Chakra(s)	Tu percepción y sanación
Cólico	Ansiedad, irritación o miedo a lo que te rodea.	1, 3	Necesidad de sentirse amado o de confiar en la familia. Ámate a ti mismo y verás que la vida te da más amor.
Colitis	Emociones reprimidas con base en creencias familiares. Inflamaciones emocionales que afectan a quien quieres ser.	1, 2, 3	Necesidad de crearse ideas propias de la vida; permitirse a uno mismo expresarse. Defiende quien eres y lo que quieres en la vida.
Colon irritable	Residuos de viejos traumas no resueltos.	1, 3	Vive en el presente y confía en la guía universal. Deja de centrarte en lo que piensan, dicen o hacen los demás, enfócate en ti mismo y adelante.
Colon mucoso	Defiendes tu posición anteponiendo el ego en suceso pasados y no estás permitiéndote asimilar ideas nuevas para crecer y sanar, especialmente en el área de la familia.	1, 3	Bajo mis defensas y encuentro en mi humildad las lecciones de la vida; ahora puedo amar a mi familia y estar agradecido.
Columna (problemas de)	Inflexibilidad para adaptarse a los cambios conforme se presentan.	1,4	Aprende a ser flexible cuando se presenten cambios en tu vida o en el amor. Ve los cambios como diferentes y nuevas oportunidades para crecer.
Columna (desplazamiento de disco)	Te sientes completamente desamparado y falto de aprecio.	1, 3	La vida y la familia te apoyan, descubre en qué aspecto. Recuerda que a veces el rechazo impulsa tus valores más importantes. Busca el apoyo dentro de ti, eres un ser completo y lleno de amor.

C

Síntoma o dolencia	Conexión mente-cuerpo	Chakra(s)	Tu percepción y sanación
Coma	Escapar del miedo a un suceso o a una persona. Miedo a seguir viviendo en tu realidad. Escapas a otra dimensión.	2, 3, 6, 7	Mira ambos lados de cada suceso y verás que cada dolor o responsabilidad viene con una bendición proporcional. Tu vida es perfecta como es y tú eres un ser fuerte y perfecto listo para enfrentar cualquier aventura. Aprende a tener fuerza y seguridad interiores.
Comezón, prurito	Ansiedad y decisión inestable.	1, 2, 6	Confía en la intuición y toma una decisión. Deja de estar indeciso.
Conjuntivitis	Irritabilidad por lo que ves en la vida.	5, 6	Necesidad de ver ambos lados de un suceso. Aprende a no juzgar como observador. Mira con el corazón, para que puedas ver con claridad.
Constipación	No quieres soltar tu tendencia a meterte en cosas que no son tuyas. Ideas y problemas negativas de otras personas se quedan contigo.	1, 2, 3, 5	Puedo escuchar y ayudar con mi opinión pero respeto a cada quien y no juzgo. Estoy soltando las ideas negativas que escucho y construyo mi propia vida con mis propias experiencias y la sabiduría de mi corazón.
Contusiones	Autocrítica, autocastigo y demasiada sensibilidad respecto a pequeños retos en la vida.	3, 6	Estoy elevando mi sabiduría con cada reto o lección en mi vida, busco las bendiciones en cada crisis y aprendo a ser flexible conmigo mismo.
Corazón (ataque al)	Te sientes la víctima. Alguien rompió tu corazón emocionalmente. Vives en el tiempo pasado.	3, 4	Aprendo mis lecciones, suelto el pasado y confío en que el amor incondicional viene de dentro de mí. Nadie puede afectarme si yo no lo permito.

Síntoma o dolencia	Conexión mente-cuerpo	Chakra(s)	Tu percepción y sanación
Corazón (problemas)	Guardar y acumular los sentimientos de alegría, amor y tristeza hasta el punto de congestionarse.	4, 5	Exprésate, ¡grita! Tienes derecho a sentir y expresarlo. Es la razón por la que estamos aquí en el planeta.
Coronarias (problemas con)	El amor familiar no se expresa. No te sientes amado.	1, 3, 4	Deja que el amor fluya. Busca en donde sí te están amando y apoyando.
Costillas (dolor en las)	Te estás protegiendo de dolores profundos. Pérdida de la inspiración.	3, 4, 5	Abandona el pasado y avanza con amor y vida. Encuentra qué te inspira y exprésalo. Canta, ríe, goza.
Crecimientos (tejidos anormales)	Resentimiento que aumenta. Fomentas antiguas heridas.	3, 4	Vive en el presente. Los sucesos del pasado fueron lecciones de sabiduría y desarrollo interior.
Crup (enfermedad de)	Inhabilidad para desarrollar tu inspiración y sentimientos por padres dominantes.	4, 5	Relájate, los miedos de tus padres son parte de tus propias lecciones. Encuentra las cosas buenas dentro de los problemas. Paciencia, el tiempo donde sentirás libertad pronto vendrá, y verás que lo que estás viviendo era necesario.
Cuello (problemas de)	Inflexibilidad. No se quiere oír o decir la verdad.	2, 5	Escucha la voz interior y obedece. Expresa la propia opinión.
Cuello (torticolis)	No querer confrontar determinadas cuestiones actuales. Lado derecho: vocación, finanzas, decisiones lógicas etcétera. Lado izquierdo: emocional, amor, familia, corazón.	2, 5	Encara el problema. Sé el primero en actuar, no esperes a que otro tome decisiones por ti. Di lo que sientes.

C

Síntoma o dolencia	Conexión mente-cuerpo	Chakra(s)	Tu percepción y sanación
Cuerpo (mal olor)	Miedo a los demás. Actitud de mantenerse a distancia. Rechazo a las relaciones humanas. Falta de amor a sí mismo.	1, 3	Amo mi vida y mis relaciones. Quiero expandir mis conexiones con amigos y los demás, porque comprendo que soy un ser maravilloso y merezco amar y ser amado.
Cushings	Confusión. Atrapado en la toma de decisiones y en la posibilidad de confrontar los problemas directamente, generalmente en el área familiar. Vives en dos dimensiones simultáneamente.	1, 3, 5	Relájate. Medita. Dios no comete errores y la claridad está por llegar, pero necesitas estar abierto para darte cuenta.

D

Síntoma o dolencia	Conexión mente-cuerpo	Chakra(s)	Tu percepción y tu sanación
Dedos (pies y manos)			
Pulgar	Preocupación y ansiedad. Desafío intelectual.	3, 5, 6	Apacigua el cerebro y escucha al corazón. El ego sólo protege las ilusiones del intelecto, el corazón libera tu espíritu y tu misión.

D

Síntoma o dolencia	Conexión mente-cuerpo	Chakra(s)	Tu percepción y tu sanación
Índice	Ego fuera de control debido a temores por el futuro. Crees que tienes el derecho de juzgar.	2, 3	Aprende a tener humildad y a confiar en el plan divino. No eres nadie para juzgar a los demás, cada quien tiene su camino y lecciones. Respeta y ama incondicionalmente. Revisa la Ley del Espejo en la primera sección.
Anular	Miedo al compromiso o a una unión. Pena, tristeza profunda.	2, 4	Hay que asumir el riesgo de abrir el corazón, en lugar de tener miedo. Cualquiera que sea el resultado, vale la pena vivir el amor.
Medio	Ira y hostilidad sexual o frustración.	2	Conoce la expresión sexual y la transmutación. Cada día es una nueva oportunidad para comenzar. Eres digno de disfrutar del placer.
Meñique	Falta de compromiso familiar y uso de máscaras.	1, 3	Sé auténtico. Aprecia lo que sí te da la la familia que no ves por estar inmerso en lo que tú piensas que debes recibir. Comprométete también y ayuda en lo que puedas. Somos uno, lo que hago por mí, lo hago por los demás y viceversa.
Defectos de nacimiento	Desarrollo de autoestima, humildad y valores profundos.	3, 4	Necesidad de enseñar compasión y adaptabilidad al mundo, junto con el amor a uno mismo. Aprende a recibir, lo mereces. Mensaje para los seres a tu alrededor.

D

Síntoma o dolencia	Conexión mente-cuerpo	Chakra(s)	Tu percepción y tu sanación
Deformidad	Malformación o diferencia notable en la forma del cuerpo, parte del cuerpo u órgano del cuerpo (interno o externo).	1, 3, 4	Rechazos familiares durante el tiempo en el útero. No te sentiste amado ni deseado. Dios me ama y me ha dado la vida como un regalo de amor. Mi lección es aprender a amarme como soy y entender que soy perfecto y mi misión es abrir los corazones de los demás para que valoren lo que tienen.
Demencia	Separación de la realidad después de un suceso muy doloroso o violento. Escapismo para encontrar la paz.	1, 6	Ten conciencia de que nada pasa sin el permiso de Dios, así que lo que pasó tiene un porqué, con paciencia y amor encuentra la bendición de este suceso y verás que todo pasa por una buena razón.
Depresión nerviosa	Vea nerviosa (depresión).		
Desmayos	Incapacidad de hacer frente a una situación o suceso.	1, 6	Resuelve los problemas con paciencia y confianza, uno a uno. Eres un ser inteligente y escuchando tu voz interior podrás vencer lo que se te presente. Dios nunca me da problemas que no pueda resolver.
Diabetes (Vea páncreas también)	Pérdida de la dulzura de la vida. Pena profunda.	2, 3, 4	Date gusto y encuentra el amor a tu alrededor y dentro de ti mismo. Los sucesos del pasado fueron para enseñarte lecciones que puedas aplicar en el presente. Desborda el amor que hay dentro de ti, para ti y para el exterior. Busca las bendiciones de cada día de tu vida.

Síntoma o dolencia	Conexión mente-cuerpo	Chakra(s)	Tu percepción y tu sanación
Diarrea	Pérdida del control. Impaciencia respecto a cuestiones familiares.	1, 3	Detente. Confía en que las cosas se resolverán en su debido tiempo, por lo pronto, relájate y conecta con tu voz interior.
Discos desviados	Vea columna (problemas de).		
Distrofia muscular	Una gran necesidad de controlar a todos. Percibes que no tienes control de nadie o nada. Frustración y miedos por no encontrar un Porqué en la vida.	1, 3, 4, 6, 7	Eres un gran ser con la misión de abrir los corazones de los demás para enseñarles compasión y amor. Empiezo por sentir que el porqué de mi vida es aprender a amarme más a mí mismo, y dejar de controlar, ahora soy flexible y amoroso.
Dolor	Llamada para despertar. Culpa que necesita castigo.	3, 4	Presta atención al presente. Ámate más y perdónate a ti mismo. No importa qué hice o no hice, soy digno de amar y ser amado profundamente. Cada día es un regalo para crear una nueva realidad.
Dolor crónico	Autocastigo para llamar la atención. Victimización para evitar responsabilidades personales. Necesidad de apapachos.	1, 3, 4	Acepto mis responsabilidades con amor y entusiasmo, y entiendo que recibo atención y amor en mi vida en diferentes formas. Gracias a Dios por cada persona que forma parte de mi vida.

E

Síntoma o dolencia	Conexión mente-cuerpo	Chakra(s)	Tu percepción y tu sanación
Eccema	Pensamientos irritantes acerca de personas o sucesos que te provocan enojo.	1, 2, 5, 6	Aprende a ser tolerante y a soltar las emociones. Soy compasivo porque entiendo que cada persona tiene sus propias lecciones. Revisa la Ley del Espejo en la primera sección.
Edema	Aferrarse a la inflexibilidad y estar fuera de toda proporción.	1, 3	Deja que las cosas sigan su curso y aprende que la flexibilidad nos abre las oportunidades para crear un mundo diferente. Si algo no te gusta, siempre puedes cambiarlo.
Embolia	Miedos familiares. Sucesos pasados que siguen sin confrontación.	1, 4	No importan los retos, los confrontaré para que todos podamos aprender las lecciones y crecer espiritualmente, lo haré desde mi corazón y no mi ego. Amo y respeto a mi familia incondicionalmente aunque no estemos de acuerdo.
Enanismo	Autoestima en extremo baja. Me escondo del mundo en mi tamaño.	3	Soy un gran maestro aprendiendo y enseñando a los demás que el tamaño de mi corazón determina mi autoestima. Puedo amar al mundo como es y estoy recibiendo lo mismo. Esta característica me enseña mi valor, creatividad y fuerza.
Encías (problemas)	Incapacidad para hablar con franqueza y decidir por sí mismo.	3, 5	Toma una decisión y llévala a cabo.

E

Síntoma o dolencia	Conexión mente-cuerpo	Chakra(s)	Tu percepción y tu sanación
Encías sangrantes	Dolor de reírse en la vida. Culpas familiares no permiten expresar mi alegría. No merezco la diversión en la vida.	1, 3, 5	Deja el pasado y los resentimientos atrás. Dios te dio esta vida para que la disfrutes, la vivas y la goces. No importa lo que hiciste o no hiciste, eres digno de amar y ser amado. Expresa lo que sientes, no puedes controlar las reacciones de los demás.
Endometriosis	Acumulación de sucesos en la familia cercana que ahoga toda oportunidad de crecimiento, de creación de vida o generación de creatividad. Te sientes controlado, inseguro sin confianza en ti mismo.	1, 2, 3	Deja de culpar a los demás por tus miedos y tu falta de acción. Comienza por confiar en ti y decidir qué es lo que quieres. Hoy tienes una nueva oportunidad de empezar a crear lo que desees.
Enfermedades crónicas	Inflexibilidad hacia el futuro. Sentimiento de inseguridad.	1, 3	Necesidad de crecer, confiar y cambiar. Escucha tu corazón, comienza haciendo lo que amas hacer, la vida te guiará.
Enfermedad incurable	La curación está en el interior, no en fuentes externas. Lecciones en la vida que no has aprendido por la terquedad y el ego.	3, 4, 7	A través de Dios en el interior todo es posible. Sé honesto contigo mismo, escucha la verdad de tu existir, y obedécela. La sanación del alma es lo más importante.
Enfermedades infantiles	Percepción de que no hay amor. Falta de apapachos y amor al extremo. No hay razones para vivir sin amor. Inseguridad total.	1, 3, 4	La vida es mi regalo y mi oportunidad de amar y recibir el amor, yo decido cómo deseo crear mi mundo. Fuerte mensaje para los padres.

E

Síntoma o dolencia	Conexión mente-cuerpo	Chakra(s)	Tu percepción y tu sanación
Enfisema	Falta de inspiración. La vida es un esfuerzo.	3, 7	Necesidad de encontrar una misión. Debes contar las bendiciones recibidas en cada lección donde sufriste. Busca tus dones y cómo puedes aplicarlos para ayudar al mundo, te prometo que volverás a sonreír.
Entumecimiento	Evitar el dolor en razón de sólo experimentar placer.	4	No puedes experimentar sólo un lado de la vida, el dolor te da lecciones que son para tu beneficio. Acepta el hecho que el dolor y el placer vienen juntos, de eso se trata la vida y el crecimiento espiritual.
Enuresis nocturna	Miedo de no ser bueno o adecuado a la vista de los demás. Baja autoestima. Sentimiento de que no se tiene control sobre nada.	2, 3	Amo la persona que soy y hago lo mejor que puedo. Respeto lo que los demás piensen pero me importa mucho más lo que yo pienso de mí. Busca características buenas en ti y apláudelas.
Envejecimiento (miedo a, o prematuro)	Aceptar las creencias de otros en lugar de las propias. Falta de seguridad.	1, 3, 5	Estás buscando autoexcusas para no asumir la responsabilidad de crecer. Acepta tus responsabilidades y confía en tus propias creencias.
Epilepsia	Grave lucha interior entre corazón y mente.	3, 4, 6	Confía en ti mismo, ámate. Escucha la voz interior.
Equilibrio (problemas de)	Pensamiento disperso. No sabes dónde estás o qué quieres hacer.	3, 6	Inseguridad acerca de qué dirección seguir en la vida, en el amor o en la propia carrera. Escucha tu voz interior y confía en que cualquier decisión que tomes es parte de tu camino. No puedes equivocarte.

E

Síntoma o dolencia	Conexión mente-cuerpo	Chakra(s)	Tu percepción y tu sanación
Eructos	Inhalar la vida con demasiada rapidez.	3	Necesidad de calmarse y digerir las lecciones que nos da la vida. Tómate tu tiempo, disfruta las pequeñas cosas, y saborea las malas y las buenas. En todo hay aprendizaje.
Escalofrío	Apartarse del mundo. Frío en el interior.	3, 4, 7	Conoce el propio espíritu y aprende a confiar en ti mismo para encontrar la independencia.
Esclerodermia	Con tantos problemas familiares en tu percepción, te has rendido, has dejado de luchar por tu verdad y aceptaste las opiniones de los demás, aunque no estás de acuerdo. Autocrítica y gran sentimiento de inseguridad. Pérdida de la esperanza.	1, 3, 5, 7	Confronta sin rodeos cuál es tu verdad, qué quieres en la vida, y lucha por ello, no importa contra quién; eres responsable de tu vida y tu destino. Me amo muchísimo y me respeto, escucho a mi corazón y lo obedezco.
Esclerosis múltiple	Dureza de corazón. Inflexibilidad. Necesidad de atención.	3, 4, 6	Elige abrirte al amor, incluido el amor a ti mismo. Empieza por amarte más, por valorar las cosas buenas en ti y expresa todo ese amor que tienes para dar. Es más fácil amar, ceder, aprender nuevas ideas que luchar contracorriente toda la vida.
Escoliosis	Incapacidad para entender los cambios y desafíos de la vida.	3	Cada crisis en la vida acarrea un beneficio. Encuéntralo. Practica la gratitud. Confía en que los cambios que se te presentan están amorosamente planeados para tu beneficio.
Escroto (enfermedades en el)	Retención ante tu pareja de cuestiones sexuales o de la vida. Frustración.	2, 3	Habla con claridad todas las cuestiones que son importantes para ti, para que puedan crecer juntos en el amor.
Esguince	Ira y resistencia ante determinados sucesos	1, 3	Detente y presta atención a las señales que recibes. Muévete despacio hasta que sientas la paz

E

Síntoma o dolencia	Conexión mente-cuerpo	Chakra(s)	Tu percepción y tu sanación
Espalda (dolor en la parte superior)	Cargar con el peso de toda la responsabilidad.	3, 4, 5	No delegar por temor a que otros no cumplan con su obligación. Comparte las responsabilidades y da oportunidad a los demás.
Espalda (dolor en la parte media)	Culpa. Acciones del pasado se perciben únicamente negativas.	3, 4	Imposibilidad de ver el lado bueno de las crisis y que las acciones pasadas también son útiles para todos los involucrados. Busca las bendiciones de las cosas que consideras malas.
Espalda (dolor en la parte inferior)	Miedo a no poder brindar suficiente apoyo financiero o emocional a la familia.	1, 2, 3	Necesidad de confiar en uno mismo y en los demás. Identifica dónde está el apoyo más que dónde no está.
Espinillas	Sentirse intoxicado y sucio en el interior. Sentirse no amado y no querer enfrentarse al porqué del rechazo.	3, 4, 5	Confróntate a ti mismo sin miedo de los resultados. Libérate y ámate profundamente. Eres un ser maravilloso, eres luz. No tengo control de los actos de los demás pero sí de mis emociones y sentimientos. Me amo y me entrego todo este amor que forma parte de mí.
Esterilidad	Miedo y resistencia a la vida.	1, 2	Confía en que estás haciendo lo correcto. Hay una razón para todo. Ten paciencia y sigue disfrutando de la vida, encuentra en qué forma eres capaz de crear nueva vida: canciones, libros, plantas, sonrisas, proyectos etcétera.

E

Síntoma o dolencia	Conexión mente-cuerpo	Chakra(s)	Tu percepción y tu sanación
Estomacales (calambres)	Miedo. Deseo de poner fin inmediatamente a un proceso o suceso antes de que siga adelante. Las emociones y el miedo se interponen en el curso natural de las cosas.	3, 6	De una vez por todas actúa, haz lo que quieres hacer, sin miedo a equivocarte o a hacerlo mal. ¿Qué puedes perder? Siempre hay un nuevo día para volverlo a hacer mejor. Confía en ti mismo y la vida te apoyará.
Estomacales (problemas)	No puedes asimilar las ideas. Tú eres tu peor enemigo.	3	Necesidad de elevar la autoestima y el valor propio. Ámate y confía en ti mismo. Soy fuerte y confío en mí. Sé que la vida me prepara el camino, suave y amoroso.
Estreñimiento	Aferrarse a una culpa o a ideas del pasado no liberadas.	1, 2	Despréndete del pasado. Vive en el presente. Fluye junto con los desafíos de la vida. Confía en el futuro.

F

Síntoma o dolencia	Conexión mente-cuerpo	Chakra(s)	Tu percepción y tu sanación
Fatiga	Aburrimiento, apatía, falta de una misión en la vida.	3, 6	Necesitas una misión para que se encienda la chispa de tu existencia. Busca qué te gusta hacer, y hazlo, la vida te guiará en tu camino.

F

Síntoma o dolencia	Conexión mente-cuerpo	Chakra(s)	Tu percepción y tu sanación
Feminidad (rechazo a la)	Consecuencia de una madre sobreprotectora o muy débil.	2, 3	Reconoce la belleza y el poder que hay en ti. En la suavidad se encuentra la fuerza del amor, la guía y la voluntad.
Fibromas	Vea tumores.		
Fibrosis quística	Necesidad de proteger tus emociones de los impactos de la vida y de la gente. Percepción de rechazo de los padres.	1, 3, 4	Busca las bendiciones en las experiencias de tu vida para poder abrir tu corazón y amar a tus padres y a ti mismo.
Fiebre	Irritación, ira; estar a la defensiva.	2, 3	Aprende a tener paciencia, calma para ver los dos aspectos de un hecho o situación. El mundo no te ataca a menos que tú lo permitas. Enfócate en ti, en lo que amas y deseas, y déjate guiar por el corazón.
Fístula	Vivir una crisis en la familia, de la cual no logras desprenderte.	1, 2	Confía. Intenta conocer para qué te sirvió ese suceso hasta que te sientas agradecido por la bendición. Todo suceso tiene un lado bueno y uno malo, enfócate en el bueno y podrás seguir adelante.
Flebitis	Enojo y frustración por desafíos familiares.	1, 3	Sigue el curso de las cosas. Toma en cuenta que todos cometemos errores para aprender una lección. Ahí está la perfección. Nadie puede afectarme si no lo permito.

F

Síntoma o dolencia	Conexión mente-cuerpo	Chakra(s)	Tu percepción y tu sanación
Fractura	Ruptura parcial o total del hueso por trauma o patología.	1, 3	Rompiendo el control familiar respecto de los valores inculcados. Cambio drástico de ideas o actos que ya no se pueden soportar o seguir. Amo y respeto las ideas de los demás pero decido respetar y honrar mis ideas y decisiones cuando sé que vienen de mi sabiduría interior. Momento de detener el paso y rectificar por dónde iniciará de nuevo. Nadie debe ir contra sus propios valores.
Frigidez	Negación. Ves el sexo como algo malo o sucio, no como una expresión de amor.	2, 3	Confía en el amor y en la voz interior. Siéntete segura al expresar tu amor por medio de la sexualidad.
Furúnculos	Lleno de negatividad por un suceso o una persona en particular. Te sientes Intoxicado. Estás listo para explotar.	1, 2, 4	No tengo control del mundo pero sí sobre mis reacciones y mi corazón; decido aprender las lecciones de hoy, ser amoroso y seguir con mi vida. En vez de juzgar lo que veo, mejor trabajo en mi interior. Revisa la Ley del Espejo en la primera sección.

G

Síntoma o dolencia	Conexión mente-cuerpo	Chakra(s)	Tu percepción y tu sanación
Gangrena	Pensamientos envenenados; quieres que la vida concluya.	1, 6	Encuentra el amor en las cosas pequeñas y luego extiéndelo a todo lo demás.
Garganta (nudos en la)	Miedo de expresar lo que sientes con algunas personas en especial.	2, 5	Habla con la verdad y confía en que será beneficioso para ti y los demás. Expreso lo que siento y eso me da la libertad de alcanzar lo que deseo.
Garganta (problemas).	Miedo a confrontar y expresar lo que realmente sientes.	3, 5	Confróntate a ti mismo y encuentra lo que estás callando. Cuando lo liberes sentirás la expansión de la vida dentro de ti.
Gases	Miedo de permitir a tus ideas fluir. Miedo de no ser suficientemente bueno.	3	Sé que mis ideas vienen de mi sabiduría interior y confío en que pueden contribuir al mundo; me doy permiso de compartirlas.
Gastritis	Algo que te quema dentro te provoca nudos en el estómago, o te hace sentir ira.	3	No te pongas estándares a seguir, haz lo mejor que puedas cada día y siéntete satisfecho de ti mismo. No tienes que ser mejor que nadie, solamente dar todo tu amor y lo mejor que tienes dentro de ti. Eres un ser único.
Genitales (problemas)	Desafíos de dinero, sexo o bien, de poder. Percepción de que das más de lo que recibes.	2	Da por el simple hecho de dar, eso es alimento para el alma. Expresa lo que quieres desde tu corazón y serás escuchado. Busca tu poder dentro de ti en una forma diferente, verás cómo eres un ser fuerte y poderoso desde el amor, y puedes lograr lo que desees.

G

Síntoma o dolencia	Conexión mente-cuerpo	Chakra(s)	Tu percepción y tu sanación
Gigantismo	Sensación de vulnerabilidad, debilidad, inferioridad que necesita mostrar el poder en su tamaño.	3, 6	Eres un ser perfecto, normal, fuerte y especial, confía en ti y encuentra tu misión para servir al mundo.
Gingivitis	Vea encías sangrantes.		
Glandulares (problemas)	Falta de confianza para expresar y avanzar adonde realmente quieres ir.	3, 5	Confía en la voz interior y avanza en tus sueños y metas.
Glándulas suprarrenales (agotamiento)	Apatía, fatiga, frustración porque no encuentras tu verdadero camino. Soportar demasiado estrés.	1, 3, 6	Sé que hay una misión para mí, y confío en que se me revelará en el momento perfecto. Mientras tanto utilizo mis dones y estoy más claro cada día. Aprendo a delegar funciones para poder dedicarme a lo que me hace feliz.
Glaucoma	Presión por antiguas penas. Incapaz de perdonar. Prefieres no ver más porque te duele.	4, 5, 6	Necesidad de soltar. Ama lo que ves ahora. Encuentra los hermosos regalos que la vida te entrega cada día. Enfoco en el aquí y ahora y siento cómo el dolor se desvanece y entra la alegría a mi vida.
Gripe o resfriado	Cansado de pelear pequeñas batallas. Necesidad de un respiro.	1, 3, 5	Necesidad de obsequiar al cuerpo con el descanso y aprender a centrarse en las cosas importantes.
Gonorrea	Vea venérea (enfermedad).		
Gota	Vea artritis gotosa.		

G

Síntoma o dolencia	Conexión mente-cuerpo	Chakra(s)	Tu percepción y tu sanación
Goteo postnasal	Victimización desde tu niñez que no sabes dejar atrás, entonces sale poco a poco.	1, 3, 6	Las experiencias de mi niñez han contribuido a mi fuerza y confianza en el presente. Mis retos fueron mis bendiciones, y estoy agradecido, ahora puedo soltarlas.

H

Síntoma o dolencia	Conexión mente-cuerpo	Chakra(s)	Tu percepción y tu sanación
Halitosis	Actitudes negativas. Has perdido el ánimo y el entusiasmo.	3, 5, 6, 7	Habla con fe y con amor hacia todos. El mundo es un lugar hermoso y decido rodearme de belleza. Confío en mí y en la vida.
Hemorroides	Retos familiares que no quieres dejar atrás o no quieres confrontar. Temor a desprenderse de un enojo pasado.	1, 3	Libérate del pasado, aprende de él, pero aquí y ahora de nada te sirve. Ama en el presente y comprende que las cosas pasan para nuestro beneficio.
Heno (fiebre del)	Rechazo por el curso natural de las cosas. Congestión de emociones.	1, 4	Confiar en la medida natural del tiempo y expresar las emociones en el momento oportuno.

Síntoma o dolencia	Conexión mente-cuerpo	Chakra(s)	Tu percepción y tu sanación
Hepatitis	Ira, odio que no se abandona.	2, 4	Deja que las emociones se filtren, que las cosas sucedan. Ya no vivas en el ayer. Sólo aquí y ahora. El enojo te dejó lecciones, ahora aplícalas para no volver a repetir la historia. Inventa un nuevo final desde el amor y la gratitud.
Hernia	Relación rota. Represión de las emociones.	2, 3, 4	La vida es un cambio constante y te está enseñando la lección de que hay que avanzar, o tomar otra dirección.
Herpes genital	Culpa sexual o humillación en público.	2, 3	Concédete la libertad de expresar el amor o el sexo a tu manera. El mundo sólo puede humillarte si tú lo permites, relájate y vive conforme a tu corazón.
Herpes zoster	Irritación o tensión y sentimiento de que alguien está irritándote.	2, 4, 5	Busca quién está causándote irritación y molestia y cuál es la lección que tienes que aprender. Revisa la Ley del Espejo en la primera sección.
Hidrofobia	Sensación de inseguridad y ansiedad resultado de la sobreprotección y pérdida del control emocional.	1, 3, 4	Eleva tu autoestima, eres un ser fuerte y certero, sólo debes soltarte y fluir. Confía en la vida y sorpréndete.
Hígado (problemas)	Ira intensa acumulada y no expresada. Imposibilidad de descubrir el porqué de este enojo.	2, 3	Examina tu propia vida y deja de criticar. El enojo contra alguien no sirve, supéralo, sé comprensivo y disfruta de tu vida.
Hinchazón	Ideas dolorosas obstruyen tu pensamiento. Estás atorado.	Depende de la zona corporal	Antes de tomar decisiones es mejor esperar y dejar que las cosas se asienten. Confía en tu voz interior.

H

Síntoma o dolencia	Conexión mente-cuerpo	Chakra(s)	Tu percepción y tu sanación
Hipertiroidismo	Miedo al rechazo y a expresar una opinión; en vez de eso hablas demasiado de cosas superficiales y realizas muchas actividades para no confrontar.	3, 5	Vives demasiado rápido para no vivir tu presente. Relájate y enfócate en el aquí y ahora, y expresa tus deseos sin miedo al rechazo. El lenguaje de Dios es el silencio. Expresa cuando tengas cosas importantes que compartir.
Hiperventilación	Miedo al cambio. Te ahoga no sentir el control de lo que pasa.	3, 5	Aprender a sentirse seguro con uno mismo y confiar en el universo. Fluye en vez de controlar todo, verás que es más fácil y tienes más tiempo para reír y vivir.
Hipófisis (problemas)	Miedo a perder el control en la dirección de tu vida.	3, 6	Encuentra tu misión escuchando tu voz interior y reaviva la chispa de tu vida. No controlo, simplemente fluyo y confío.
Hipotiroidismo	Te sientes ahogado por la incapacidad de expresarte, pues eres muy sensible y vulnerable de las opiniones de los demás. Todo lo guardas y retienes las emociones.	3, 5, 6	Habla abiertamente tu verdad interior, expresa tus sentimientos y deja que las consecuencias sigan su curso. Confía en la perfección del plan divino.
Hodgkin (enfermedad de)	Culpa e inseguridad por ser rechazado.	1, 3	Amarse a sí mismo a fin de amar a los demás. Empieza por aceptar quién eres, lo que quieres y exprésalo, comenzarás a atraer personas que te aman y te aceptan.
Hombros (dolor)	La responsabilidad o la culpa resultan una carga para ti.	3, 5	Necesidad de delegar para tener el tiempo de encontrar las bendiciones que se hallan en tus cualidades. Expresa tus cargas o culpas para ir limpiando tus emociones.

H

Síntoma o dolencia	Conexión mente-cuerpo	Chakra(s)	Tu percepción y tu sanación
Hombros (encorvados)	Vea joroba.		
Huesos	Vea óseos.		

I

Síntoma o dolencia	Conexión mente-cuerpo	Chakra(s)	Tu percepción y tu sanación
Ictericia	Ya no puedes filtrar más enojo hacia ti mismo.	3, 4	Amarse a sí mismo y brindar honor al valor propio. Eres un ser maravilloso, encuentra tus cualidades y úsalas para servir al mundo que te rodea.
Ileítis	Vivir situaciones familiares que te irritan verdaderamente.	1, 4	Aprende a amar a la familia incondicionalmente. Encuentra sus lados positivos y no juzgues, cada persona tiene sus problemas y lecciones.
Impotencia	Presión sexual, tensión y culpa social.	2	Expresa el amor mediante el sexo a tu manera. Sé creativo. Disfruta el placer conforme a tus valores no al de las demás personas.

Síntoma o dolencia	Conexión mente-cuerpo	Chakra(s)	Tu percepción y tu sanación
Incontinencia	Soltando (poco a poco) los miedos y emociones escondidos en el pasado. Después de tanto retener y esconder ahora ya no tienes control de tus emociones, especialmente en relación con una persona.	2, 3	Puedo soltar mis sentimientos cuando quiero sin miedo de las reacciones de los demás. Cada persona es dueña de sus sentimientos y sus reacciones. Soy libre de expresar lo que siento.
Indigestión	Miedo y preocupación no expresados.	3, 5	Aprende a liberar el estrés y hablar con la verdad. Deja de quejarte hacia adentro si no eres capaz de quejarte hacia afuera. Habla de lo que sientes y confía en que las personas y la vida te ayudarán a superar los miedos.
Infección	Irritación hasta que se vienen abajo las defensas.	1, 3	Busca la lección y aprecia lo que el universo te está enseñando. Trata de no juzgar las opiniones o acciones de los demás.
Inflamación	Ira y detrás de ella hay gran miedo a las consecuencias. Emites juicios antes que cualquier cosa.	2, 3	Aprende a ver el otro lado de la cuestión sin emitir juicios. La vida es arriesgarse para ganar. Ganar crecimiento y experiencias. El regalo es que puedes iniciar de manera diferente cada día.
Inflexibilidad	Vea rigidez.		
Influenza	Acumulación de negatividad que hace que caigan las defensas.	1, 3	Escucha a tu voz interior y céntrate en tus creencias. Mira los dos lados de cada situación para equilibrar la negatividad y recuperar tu estado anímico.
Insomnio	Actividad mental excesiva de la mente superior (espiritual) e inferior (instintiva).	3, 4, 6	Escucha tu voz interior, deja atrás temores y reduce el ego. Medita.

Síntoma o dolencia	Conexión mente-cuerpo	Chakra(s)	Tu percepción y tu sanación
Intestinos (problemas)	Incapacidad o miedo a desprenderse de problemas del pasado.	1, 2	Aprecia las lecciones que deja la experiencia. Vive en el presente.
Intestinos (dolor)	Acumular enojo o culpa contra ti mismo. Imposibilidad de asimilar los acontecimientos.	2, 3	Libera el pasado y entra en sintonía con la vida y el amor. No sirve culparte de nada, encuentra las lecciones de lo que pasó, aprende y sigue adelante. Ahora eres más sabio.

Síntoma o dolencia	Conexión mente-cuerpo	Chakra(s)	Tu percepción y tu sanación
Joroba en hombros	Cargas con el peso del mundo.	3, 4	Delega. Ámate lo suficiente como para no asumir la salvación del mundo. Ahora me doy tiempo para encontrar lo que amo hacer y sirvo al mundo.

L

Síntoma o dolencia	Conexión mente y cuerpo	Chakra(s)	Tu percepción y tu sanación
Laringitis	Miedo a decir con claridad aquello en lo que crees.	3, 5	Aprende a asumir los riesgos de hablar con la verdad, si no lo haces te estarás perdiendo de la libertad de ser quien eres.
Lepra	Aislado, ganas de separarte del resto porque sientes que no eres suficiente. Odio a ti mismo. Autodestrucción extrema.	1, 3	Eres una luz divina y tu cuerpo es el templo de tu alma. Me amo a mí mismo, soy perfecto como soy ya que soy parte del todo, soy parte de este universo y como tal soy Luz.
Leucemia	Cuestiones familiares provocan el deseo de claudicar en la vida.	1, 4	Crece a partir de los traumas pasados y aprende a amar y a confiar en la vida. No importa quién o qué te hayan hecho o tú qué hayas hecho, mereces una nueva oportunidad de vivir tu vida. No desperdicies el regalo que tienes en tus manos hoy.
Leucorrea	Retos de poder con tu pareja. Sentimiento de no dar satisfacción a la pareja.	2, 3	El diálogo es la mejor forma de ganar. Expreso lo que quiero porque soy libre y me siento conectada a mi feminidad.
Linfáticos (problemas)	Las defensas están bajas. No se puede o no se quiere seguir luchando.	1, 3	Vuelve a centrarte en los valores. Inspírate. Ama incondicionalmente. Realiza tu misión.
Lupus	Sentimiento de que no se es amado. Desesperanza de cambiar una situación.	1, 3, 4	Aprende a amarte a fin de atraer de nuevo el amor hacia ti. Da lo que deseas recibir. Encuentra en qué forma la vida te llena de bendiciones cada día.

L

Síntoma o dolencia	Conexión mente y cuerpo	Chakra(s)	Tu percepción y tu sanación
Llanto	Es el anticongelante del alma.	3	Deja que el corazón se ablande para vivir o amar de nuevo. Después de la limpieza, relájate y confía en que Dios no comete errores y cada cosa que pasa tiene una razón perfecta para ocurrir aunque tú no lo entiendas. Mira diferente.

M

Síntoma o dolencia	Conexión mente-cuerpo	Chakra(s)	Tu percepción y tu sanación
Mal aliento temporal	Sientes rechazo y venganza. Hablas negativamente y sin pensar	2, 5	No amargues tu expresión por los actos de otras personas o situaciones que no comprendes, enfócate en ti. Yo expreso amor en todas mis relaciones. La vida es linda y estoy bendecido.
Mandíbula (problemas)	Resentimiento y represión sobre lo que quiere decirse.	3, 5	Habla con tu verdad y confía en que ello te hará libre.
Manos (problemas)	Aferrado a vínculos emocionales, o bien te estás desprendiendo de ellos.	3, 4	Atrévete a soltar lo que ya no necesitas o atrévete a tomar lo que te corresponde y crees que no mereces.
Mareo al ir en automóvil	Sentirse incapaz de tomar decisiones propias. Miedo a quedar atrapado por las circunstancias.	3, 6	Necesidad de ponerse en pie y aprender a practicar la independencia y el libre albedrío. Confía en el desarrollo natural del camino.

M

Síntoma o dolencia	Conexión mente-cuerpo	Chakra(s)	Tu percepción y tu sanación
Mareos al ir en barco	Miedo a ahogarte y a la muerte. Pérdida del control de tus emociones. Abrumado.	3, 6	Confía en el universo. La muerte es sólo una transformación. Revisa la Ley de la Conservación de la Energía en la primera sección. Respira profundo y conéctate con la realidad.
Mareo y náusea (causados por el movimiento)	Miedo a perder el control de las situaciones.	3, 6	Confiar en la vida y en las propias habilidades para tomar decisiones. Los cambios siempre traen beneficios. Búscalos.
Mastoiditis	Ira o frustración. No se quiere escuchar la verdad.	3, 5	Escucha y aprende lo que la vida está tratando de enseñarte.
Meningitis	Retos familiares causando enojo en extremo. Pensamientos feos y confusión total.	1, 3, 6	Acepto las lecciones y retos familiares para aprender a amar más cada día y crecer espiritualmente. Busco las bendiciones detrás de cada acto y así puedo amar a mi familia y al mundo, sin dejar de ser yo mismo.
Menopausia	Miedo de la persona a envejecer, a no ser indispensable, o a que la echen a un lado.	2, 3, 6	Adquiere conciencia de que con todos los ciclos de la vida se logra mayor sabiduría y crecimiento. Disfruta el presente.
Menstruales (problemas)	Rechazo de la feminidad. Culpa en la infancia acerca del sexo.	2, 3	Acepta tu feminidad y enorgullécete de ella. Eres un ser especial y único, capaz de amarte tal y como eres.
Migraña	Resistencia al fluir de la vida. Negación de la voz interior.	3, 6	Deja que la voz interior dirija tu intelecto, y no viceversa.
Miomas	Vea tumores.		

M

Síntoma o dolencia	Conexión mente-cuerpo	Chakra(s)	Tu percepción y tu sanación
Miopía	No querer ver qué depara el futuro.	3, 5, 6	Busca en tu interior guía y seguridad sobre el futuro. Confía en el plan divino.
Mojar la cama	Falta de seguridad en ti mismo e incapacidad de expresar los miedos a tus padres.	2, 3	Confía en el ciclo de la vida, exprésate con tus papás, di lo que sientes y verás que las cosas no son tan malas como crees. La verdad libera a todos alrededor de ella. Mensaje para los padres.
Mononucleosis	Autocrítico, fijas metas demasiado altas, fuera de la realidad, mentalmente, y no escuchas ni honras tu cuerpo.	1, 3	Me amo muchísimo y por eso escucho a mi cuerpo y le doy el descanso necesario para tener la fuerza y la paz para contribuir con mis dones. Lo que hago es lo mejor que puedo hacer sin importar las percepciones de los demás.
Moretones	Autocastigo por pequeñas cosas en la vida. Sensación de que se abusa de ti.	3	Aprende a amarte a ti mismo en lugar de centrar toda tu atención en los desafíos de la vida. No mereces castigo, mereces amor. Crea tus límites de protección y exprésalo a los demás.
Muelas del juicio (problemas)	Necesidad de expresarte pero tú percibes que no se te da margen para ello.	1, 5	No tienes control sobre los demás pero sí sobre lo que sientes y expresas. Busca diferentes maneras de expresar quién eres y ten paciencia y tolerancia hacia los demás.
Muñeca (problemas)	No ser flexible para retener o soltar algo.	3	Sigue el fluir de la vida y confía en el resultado. Si algo es tuyo nadie podrá quitártelo, pero si no lo es, no te aferres, seguro es porque vendrá algo mejor para ti.

N

Síntoma o dolencia	Conexión mente-cuerpo	Chakra(s)	Tu percepción y tu sanación
Narcolepsia	Incapacidad de hacer frente a los problemas diarios. Miedo extremo.	1, 3, 6	Entrégate a la guía y sabiduría de Dios en busca de protección.
Nariz (problemas)	Meterse en asuntos ajenos. Necesidad de reconocimiento.	1, 2, 5	Respeta la vida de las personas, cada quien tiene su camino y lecciones. Trabaja en tu propia vida para crecimiento.
Nasal (hemorragia)	Falta el apapacho, atención familiar y reconocimiento, por lo que entrometes tu nariz en asuntos familiares que no te corresponden.	1, 5	Amo a mi familia y ellos a mí, por eso respeto la vida y decisiones de cada persona, y ofrezco consejos sólo cuando me los piden.
Náusea	Rechazo a una idea o experiencia a causa de temor o por no lastimar el ego.	3	Sé más humilde y ábrete hacia las ideas de los demás.
Nefritis	Ira o irritabilidad como una reacción exagerada a un suceso.	2, 3	Todo sucede por alguna razón. Es necesaria la comprensión.
Nerviosismo	Miedo, preocupación, sentimiento de ser apremiado a tomar decisiones.	2, 3, 4	Tómate el tiempo que sea necesario. Escucha tu voz interior cuando estés preparado.
Nervioso (colapso)	Miedos llevados al extremo, cuando la responsabilidad de confrontarlos llegó a su límite. Completamente desvalido, sin fuerza.	3, 4, 5, 6	Es preciso abrir líneas de comunicación, así como el corazón. Tengo control de mi vida y puedo encontrar las soluciones de cada reto, uno a uno con paciencia y confianza, porque entiendo que Dios está conmigo y cada reto es una lección de la escuela de la vida. Éste es un momento precioso para hacer un alto y reinventarme.

N

Síntoma o dolencia	Conexión mente-cuerpo	Chakra(s)	Tu percepción y tu sanación
Neuralgia	Culpabilidad y autocriticismo.	3, 4	Me amo y entiendo que he tomado las mejores decisiones por el momento. Estoy aprendiendo y aplicando mi sabiduría diaria que crece con cada experiencia. No hay errores, sólo lecciones.
Neuritis	Irritación a causa de información recibida.	3	La comunicación es necesaria para poner en claro la nueva información. No juzgues antes de analizar profundamente y encontrar las bendiciones para ti.
Nódulos	Resentimiento acerca de problemas relativos a la carrera profesional. Ego fuera de control.	3	Adopta una actitud humilde y confía en el orden universal. Las cosas suceden como deben. Trata de ver cómo están apoyando tus valores más altos.

O

Síntoma o dolencia	Conexión mente-cuerpo	Chakra(s)	Tu percepción y tu sanación
Obesidad	Vea sobrepeso, aunque en grado extremo.		
Oídos (dolor)	Mensajes dolorosos que causan enojo y frustración.	3, 4, 5	Sé abierto o menos crítico. Confía en tu voz interior. No tomes personalmente lo que dicen los demás, cada quien tiene sus conflictos, pero si tu corazón es comprensivo, nada podrá afectarte.

O

Síntoma o dolencia	Conexión mente-cuerpo	Chakra(s)	Tu percepción y tu sanación
Ojos (problemas)	No te gusta lo que ves en tu vida o en el mundo.	1, 5, 6	Encontrar el amor interior para amar la vida en el exterior. De ti depende cómo ves la vida. Hoy decido mirar la belleza que me rodea. Céntrate en lo bueno.
Ojos (problemas en niños)	No quieren ver los sucesos que pasan en la familia.	1, 3	Acepto y amo a mi familia, y entiendo que no existen familias funcionales o disfuncionales. Cada familia tiene sus lecciones que aprender para poder crecer como seres humanos.
Olor corporal	Vea cuerpo.		
Óseas (fracturas)	Rompiendo el control familiar respecto a los valores inculcados. Cambio drástico de ideas o actos que ya no se pueden soportar o seguir.	1, 3	Amo y respeto las ideas de los demás pero decido respetar y honrar mis ideas y decisiones cuando sé que vienen de mi sabiduría interior. Momento de detener el paso y rectificar por dónde se iniciará de nuevo.
Óseos (problemas)	Falta de apoyo. Muchos cambios estructurales.	1	Necesitas ser flexible y más independiente. Busca dónde sientes mucho apoyo y mira las cosas que sí tienes en lugar de sólo mirar lo que te falta.
Óseos (deformidad)	Rechazo familiares durante el tiempo en el útero. No te sentiste amado ni deseado.	1, 3, 4	Dios me ama y me ha dado la vida como un regalo de amor. Mi lección es aprender a amarme como soy y entender que soy perfecto, y mi misión es abrir los corazones de los demás para que valoren lo que tienen.

O

Síntoma o dolencia	Conexión mente-cuerpo	Chakra(s)	Tu percepción y tu sanación
Osteomielitis	Enojo y frustración a causa de la estructura familiar.	1, 4	La vida y la familia nos enseñan grandes lecciones, si puedes abrir tu corazón para aprenderlas podrás sentir el amor incondicional y la gratitud.
Ovarios (problemas)	Resentimiento con una persona muy cercana como padres, esposos, hermanos.	1, 2	Los problemas del pasado son lecciones para apreciar y comprender nuestro presente. Revisa la Ley del Espejo en la primera sección y deja de juzgar, mejor trabaja internamente.
Ovarios (quistes)	Almacenar recuerdos dolorosos de una o más personas o sucesos del pasado.	1, 2, 4	Necesitas ver la crisis como la mejor de las bendiciones. Ahora es tiempo de amar o de ser amado, según lo desees.

P

Síntoma o dolencia	Conexión mente-cuerpo	Chakra(s)	Tu percepción y tu sanación
Páncreas (problemas)	Enojo, tristeza por no experimentar la dulzura de la vida.	3, 4	Ama la vida y encuentra, en todo momento, la gratitud por el presente.
Pancreatitis	Irritación y enojo por la sensación de que alguien está atacando tu forma de vivir. La vida es más una carga que un regalo.	3, 4	La vida es linda y recibo tantas bendiciones diarias, desde un cuerpo sano, un trabajo, una cama, ropa, etcétera, que nadie tiene el poder de cambiar la gratitud de mi corazón, sólo si yo lo permito.

P

Síntoma o dolencia	Conexión mente-cuerpo	Chakra(s)	Tu percepción y tu sanación
Parálisis	Miedo a seguir adelante. Resistirse a vivir.	3, 4	Confía en la vida y toma en cuenta que el futuro será positivo si tú eres positivo y confías. Toma tu tiempo, recobra energías y adelante.
Parásitos	Sentimiento de no tener poder, cesión de nuestro poder a otros y la culpa que lleva asociada.	3	El poder lo llevas dentro de ti, en el momento que lo decidas, úsalo amorosamente y desde el corazón.
Parkinson (mal de)	Miedo a no ser capaz de controlar todo.	3	No tienes que controlar nada, aprende a fluir con el curso natural de las cosas, aprende a disfrutar del momento presente y deja el ego a un lado.
Pene (problemas de)	Pérdida de energía en el aspecto sexual, de dinero o de poder.	2	Necesitas resolver cuestiones con tu pareja o con una persona significativa que te hace sentir sin poder. Recuerda que el verdadero poder está en el amor y la compasión.
Peso (exceso de)	Miedo. Necesidad de protección emocional.	3	Elevar tu autoestima te dará certeza y seguridad. Eres perfecto como eres, eres luz. Abro mi corazón listo para recibir lo mejor de la vida porque lo merezco.
Petit mal	Confusión y miedo al futuro.	3, 6, 7	Confía en que Dios tiene tu vida en sus manos.
Pie de atleta	Irritado por no avanzar.	1, 3	No estás escuchando el llamado o la voz interior. Abre tu corazón y pregúntate ¿a qué has venido a esta vida? Ahora es el momento de comenzar.

P

Síntoma o dolencia	Conexión mente-cuerpo	Chakra(s)	Tu percepción y tu sanación
Piel (colgante)	Resentimiento de la vida. Perder la chispa que motiva.	3, 4	Encuentra una misión y siente de nuevo amor por la vida.
Piel (problemas)	No estás filtrando la irritación o la culpa; permites que alguien te irrite.	1, 2	Haz a un lado tus preocupaciones. Actúa, en lugar de reaccionar. Haz lo mejor que puedas para arreglar la situación, después libérala y sigue adelante. Revisa la Ley del Espejo en la primera sección.
Piernas (problemas)	Miedo a seguir adelante en determinados aspectos de la vida.	3	Asume el riesgo y continúa con tus planes. Confía.
Piernas (problemas muslos)	Retos familiares de la niñez que me impiden avanzar.	1, 3	Gracias a cada reto en mi vida hoy soy fuerte e independiente y cada día es mejor. Hoy estoy agradecido y mis piernas son libres y avanzan hacia un futuro maravilloso.
Piernas (problemas pantorrillas)	Los miedos actuales me impiden avanzar.	3	Confío en mis capacidades para crecer y tener éxito. Soy flexible y puedo amoldarme a los cambios de la vida, mis dones tienen un mundo de opciones dónde servir. Lánzate y sorpréndete.
Pies (problemas)	No adoptas una postura en cuanto a aquello en lo que crees.	1, 3	Necesidad de avanzar con confianza. Confía en lo que crees y defiéndelo. Siempre puedes regresar, avanzar, regresar o cambiar de dirección. Eres libre.

P

Síntoma o dolencia	Conexión mente-cuerpo	Chakra(s)	Tu percepción y tu sanación
Pies (problemas crónicos)	El miedo a avanzar te tiene detenido en el pasado donde todo es seguro y familiar aunque no te guste.	3	Lánzate al vacío. Vive aquí y ahora, y confía en el futuro y los cambios para poder seguir creciendo.
Pies (dedos)	Vea dedos.		
Piorrea	Falta de poder para tomar decisiones. Sentimiento de debilidad y confusión.	3	Encuentro mi verdad y tomo mis decisiones con base en ella; soy flexible para cambiar mis decisiones según los cambios de la vida y seguir adelante. Me siento fuerte y listo para expresarme.
Pituitaria (problemas)	Estás perdiendo el control. Estado de caos. En desconexión con quien eres.	3, 6	Confío en que hay un plan superior y esta situación es una lección para aprender. Tomo tiempo para estar en paz y viajar hacia mi interior para reconectar con la misión de mi vida.
Polio	Ego fuera de control que necesita ser detenido. Necesidad de aprender humildad en extremo.	3	Estoy agradecido por la vida como es, me dejo llevar y confío en el plan divino. En esta lección comprendo que no estoy separado de los demás, sino que soy parte del todo y humildemente estoy agradecido.
Premenstrual (síndrome)	Temor a dejar que la confusión te domine. Rechazo de la feminidad. No quieres sentirte vulnerable y débil.	2, 3	Asumir el control de la vida. Confío en mí y amo mi lado suave y amoroso, entiendo que esta vulnerabilidad es mi poder. Respeta el orden universal de las cosas.

P

Síntoma o dolencia	Conexión mente-cuerpo	Chakra(s)	Tu percepción y tu sanación
Presbicia (vista cansada)	Miedo a ver el presente tal y como es.	3, 6	Aprecia la perfección del momento. Busca las maravillas de tu vida hoy. Cada etapa tiene más sabiduría y más bendiciones. Acepta la responsabilidad y la luz con todo tu corazón.
Presión sanguínea alta	Represión de las emociones. Guardar lo que se siente. Aferrarse a la culpa del pasado o sentir miedo del futuro en cuestiones sentimentales.	3, 4, 5	Encuentra alguna manera de expresar lo que sientes, habla, escribe, medita, pero sácalo de ti. Busca las bendiciones de los sucesos para comprender que no fueron malos sino perfectos para apoyar tus valores más altos.
Presión sanguínea baja	Falta de amor. Desesperanza respecto al amor. Sentirse sin apoyo en cuestiones emocionales.	3, 4	Busca la esperanza dentro de ti, el amor eres tú. Gratitud por las bendiciones de cada día y paciencia por lo que sigue. ¿Cuál es tu misión en la vida?
Próstata (inflamación)	Miedo al futuro, a envejecer o a perder la potencia sexual.	2, 3	Ir con el fluir de la vida. Cada etapa tiene sus bendiciones. Disfruta tu presente. Ama con creatividad. Soy eternamente joven y conservo mi poder personal.
Próstata (problemas)	Miedo a la pérdida de la sexualidad o culpa por la presión.	2, 3	Disfruta en tu presente, el futuro aún no llega. Has lo mejor que puedas y desde el corazón. No te presiones, confía y siente la libertad de ser.

P

Síntoma o dolencia	Conexión mente-cuerpo	Chakra(s)	Tu percepción y tu sanación
Psoriasis	Un suceso o persona que te causa irritación y molestia, y en lugar de expresarlo guardas tus sentimientos.	1, 2, 3, 4	Expreso lo que siento y pienso con amor aunque no le guste a los demás. Puedo interactuar con los demás y respetarlos, pero no iré en contra de mi verdad y me siento bien por ello. Amo mi vida y anticipo amor y alegría en el Dar y Recibir. Revisa la Ley del Espejo en la primera sección.
Púbico, hueso (problemas)	Inhabilidad de unir la parte masculina y femenina de tu ser.	1, 2,3	Dentro de mí existen los dos lados de todo, suave, firme, flexible, inflexible, bueno, malo, débil, fuerte, y permito que todo mi ser se exprese para sentirme completo.
Pulmonares (problemas)	Pérdida de inspiración en la vida. Sentimiento de estar sofocado por la vida.	3, 4, 5	Toma todo lo que la vida te ofrece. Sé agradecido por vivir. La misión de tu vida te dará la inspiración. ¡Búscala!, y mientras llega, ama y sirve a quien puedas y goza del amor incondicional.

Q

Síntoma o dolencia	Conexión mente-cuerpo	Chakra(s)	Tu percepción y tu sanación
Quemaduras	Autocastigo. El enojo contigo mismo te quema.	3	No importa qué hice o no hice, soy digno de amar y ser amado. Cada día es una nueva oportunidad para crecer, aprender y actuar diferente. Me acepto y me amo a mí mismo exactamente como soy.

Síntoma o dolencia	Conexión mente-cuerpo	Chakra(s)	Tu percepción y tu sanación
Queratitis	Ira contra algo o alguien.	1, 2, 4	Ama incondicionalmente, sin importar la reacción de los demás. Cada ser humano tiene una lección que aprender. Revisa la Ley del Espejo en la primera sección.
Quijada (problemas)	Una gran pelea entre el intelecto y la voz interior. No puedes expresar tus sentimientos verdaderos por miedo a crear confrontaciones.	2, 3, 4, 5	La voz interior nunca se equivoca, es la sabiduría espiritual. Confío y expreso mis sentimientos porque al liberarme también libero a los demás, y con un corazón abierto podemos dialogar y entendernos.
Quistes (generales)	Algo o alguien en el pasado causó mucho dolor y resentimiento, y por no expresarlo está almacenado en tu cuerpo.	2, 3, 4	Aprende tus lecciones de esos sucesos y libéralos. Hoy es presente y es un regalo para disfrutar. Las acciones de los demás sólo pueden afectarte si tú lo permites. Merezco el amor y lo disfruto.
Quistes (ovarios)	Vea ovarios.		
Quistes (senos)	Añoranza de una madre protectora o dominante. Necesidad de amor, nutrición, caricias de los padres o la pareja.	2, 4	Necesidad de aprender a amarse y a cuidarse a sí mismo. Busca el amor dentro de ti y en los actos de otras personas. ¿Quién actuó amorosa como una madre contigo? Revisa la Ley de la Conservación de la Energía en la primera sección.

DESAFÍOS DE LA SALUD ⅋ 57

Síntoma o dolencia	Conexión mente-cuerpo	Chakra(s)	Tu percepción y tu sanación
Rabia	Sentimiento de que algo o alguien te ha traicionado y no puedes soportarlo. Te sientes perdido y sin salida, y eso te causa ira sin control.	1, 2, 4, 7	Las lecciones de la vida son necesarias para nuestro crecimiento. Nadie puede afectarme, sólo si yo lo permito. Confío en que las cosas suceden por algo y tengo la paciencia y amor para esperar y comprender. No hay coincidencias, sólo Diosidencias.
Raquitismo	Sensación de falta de apapacho y apoyo familiar o grupo donde te desenvuelves.	1, 3	Busca en qué forma sí tienes el apoyo, a veces al empujarte o molestarte están apoyando tus valores más altos. Me nutro con el amor que me da mi familia en diversas formas y me siento satisfecho y agradecido.
Recto	Vea anales (problemas).		
Renal (insuficiencia)	Falta de sinceridad con uno mismo y sentirse culpable por ello. Mala nutrición emocional relacionada con la familia.	1, 3	Eres divino y perfecto como eres, confía en ti. Ya no importa el pasado o lo que has hecho, comienza de nuevo de una forma diferente. Sé sincero y pregúntate qué quieres de la vida, y ve por ello.
Resfriado	Vea gripe.		
Respiración (problemas)	Temor a aceptar la vida completamente. Sin derecho a tomar parte en la plenitud de la vida. Falta de misión.	3, 4	Tu misión primera es gozar de la vida y ayudar a los demás. Disfruto cada momento porque es un regalo de amor para mí. Descubro mis dones y cómo usarlos para ayudar al mundo y a mí mismo.

R

Síntoma o dolencia	Conexión mente-cuerpo	Chakra(s)	Tu percepción y tu sanación
Retención de líquidos	Miedo a una pérdida, aferrarse. Guardar tus emociones.	1, 3	Confía incondicionalmente en el Universo y el amor. Goza lo que tienes ahora. Vive, ríe, exprésate, se libre. Revisa la Ley de la Conservación de la Energía en la sección uno.
Reumatismo	Sentimiento de víctima. Necesidad de cariño y atención.	3, 4	Aprende a amarte y a ser independiente y fuerte. Busca donde la vida y tus seres amados sí están apoyándote. Si quieres más amor da más amor a los demás.
Rigidez	Inflexibilidad en la dirección que sigues en tu vida. Ego, terquedad.	3, 4	Entiende que tú eres parte de todo y para crecer, necesitas abrirte y permitir nuevas ideas en tu vida. Aprende a escuchar a los demás y trata de ver la vida a partir de esas diferentes percepciones, te sorprenderás.
Riñón (piedras)	Enojo, amargura que se siente hacia determinada persona y ante quien uno reacciona con la "frialdad de una piedra".	2, 4	Al sentir esto, el único que se hace daño eres tú mismo, abre ya tu corazón, sé compasivo, entiende que cada persona está viviendo sus propios infiernos y lecciones. Decídete a ser feliz para ti. Revisa la Ley del Espejo en la primera sección.
Riñón (problemas)	Incapaz de filtrar el enojo; sentimiento de vergüenza hacia la familia.	1, 4	Mira más profundo en cada reto con la familia, los eventos son para aprender y crecer. Busca los beneficios y libérate del pasado porque te está impidiendo amar de verdad.

R

Síntoma o dolencia	Conexión mente-cuerpo	Chakra(s)	Tu percepción y tu sanación
Rodilla (problemas)	Obstinación o miedo a seguir adelante en la vida. Poca flexibilidad para dar pasos hacia adelante.	3	Libérate y asume riesgos. Cada decisión es un riesgo, vívelo. Lo peor que puede pasar es que vuelvas a tomar otro camino. Esa es la vida. Experiméntala.
Roncar	Terquedad y no querer desprenderse de patrones estresantes.	3	Cada día es una nueva oportunidad para hacer cosas nuevas, abrir el corazón, probar cosas que nunca pensaste; si no te funcionan, siempre puedes volver a tus ideas. Arriésgate y sorpréndete.

S

Síntoma o dolencia	Conexión mente-cuerpo	Chakra(s)	Tu percepción y tu sanación
Sangrado	La vida se escapa. Las cuestiones familiares nunca se han encarado.	1	Necesidad de destapar cuestiones familiares antes de que sea demasiado tarde.
Sangre (problemas)	Retos familiares produciendo separaciones emocionales.	1, 4	Amo a mi familia y entiendo que nuestras diferencias producen lecciones nuevas para cada uno. El amor no significa que tengo que convivir con alguien, simplemente comprenderlo, agradecerle la lección y liberarlo.

S

Síntoma o dolencia	Conexión mente-cuerpo	Chakra(s)	Tu percepción y tu sanación
Sarna	Pensamiento infectado. Permites que alguien te irrite gravemente.	2, 6	Descubre cómo la persona o el suceso te sirven de la mejor manera. Revisa la Ley del Espejo en la primera sección y deja de juzgar para trabajar en tu interior, ahí está tu crecimiento.
Sarpullido	¿Quién está irritándote tanto que no soportas que ni se te acerque?	2, 3, 4	Tu lección radica en desarrollar paciencia y tolerancia. Escucha tu voz interior y toma tus decisiones, pero acepta a los demás porque son seres humanos con sus propios problemas. Consulta la Ley del Espejo en la primera sección y en vez de juzgar, trabaja en tu interior.
Senilidad	Desembarazarse de toda responsabilidad, infantilismo, despreocupación por todo.	1, 3, 6	Confía en que la vida te dará lo que necesites para cuidarte y amarte. Mensaje para los que están cerca: relájate y practica tu compasión, comprensión. Es una gran oportunidad para dar amor.
Senos (problemas)	Vea quistes de senos.		
Senos paranasales (problemas)	Sin inspiración. Irritación por falta de motivación. Algo obstruye tu conexión con tu ser superior.	3, 6	Cuenta las bendiciones que recibes y obedece a tu corazón. Medita, relájate y ponte atento. Si pides respuestas las recibirás pronto.

S

Síntoma o dolencia	Conexión mente-cuerpo	Chakra(s)	Tu percepción y tu sanación
Sida	No valer lo suficiente. No encajar en el medio. Negarse a sí mismo. Culpabilidad sexual. Rechazo social. Autodestrucción; no quedan defensas.	1, 3, 4	Tu lección es aprender amarte a ti mismo y a los demás en las circunstancias que sean. Las lecciones más duras son las que más nos ayudan a crecer espiritualmente. Concéntrate en tu desarrollo y deja de lado los comentarios de los demás, ellos tienen retos de miedo y dolor también. Practica el amor incondicional.
Sífilis	Culpa sexual, necesidad de castigo.	1, 2, 3	El sexo es una experiencia de amor, y mereces amor. No importa qué hice o no hice, soy digno de amar y ser amado. Vive y disfruta el hoy.
Síndrome premenstrual	Vea premenstrual.		
Sobrepeso	Necesidad de protección emocional. Demasiadas heridas. Baja autoestima.	3, 4	Aumenta tu autoestima. Encuentra tus cualidades únicas, esto te dará certeza y seguridad. Aprende a amarte como eres. Eres un ser perfecto y maravilloso. Consiéntete.
Sordera	Aislamiento. Rechazo de las opiniones de los demás. Terquedad.	3, 5, 6	Tu lección es escuchar hacia adentro, confía en la voz interior, pero ábrete a los demás, escúchalos de diferentes formas. Si el lenguaje de Dios es el silencio, no necesitas escuchar para comunicarte con él.

T

Síntoma o dolencia	Conexión mente-cuerpo	Chakra(s)	Tu percepción y tu sanación
Tartamudeo	Inseguridad y miedo a expresarse.	3, 5	Habla con claridad. Ámate, ama y respeta a los demás. Si lo que dices viene de tu corazón no temas expresarlo.
Tenia	La victimización te está destruyendo.	3	Son muchos los que te aman pero no lo ves. Toma la responsabilidad de tu vida y tus decisiones de una vez por todas. El único responsable de lo que me pasa soy yo mismo.
Testículos	Vea escroto (problemas).		
Tétanos	Necesidad de deshacerse de pensamientos irascibles.	2, 3	Deja que el amor te cure y te limpie desde tu interior. Sólo yo controlo cómo reacciono ante las situaciones, y decido hacerlo desde el amor.
Tifoidea	Miedo a la desesperación de no expresarse ni vivir con la verdad.	3, 5	Toma el tiempo de pensar y decidir qué es lo que en verdad quieres, y ahora levántate y actúa para lograrlo. Exprésate al máximo sin temor de ser juzgado. La gente siempre va a tener una opinión, pero tú mereces vivir y cumplir con tu misión.
Timo, glándula (problemas)	Constantemente te sientes a la defensiva. No confías en los demás.	1, 3	Tengo el control de mi vida y nadie puede afectarme si no lo permito. Me siento relajado y confío en mi verdad y en el plan superior.

T

Síntoma o dolencia	Conexión mente-cuerpo	Chakra(s)	Tu percepción y tu sanación
Tinnitus	Terquedad, no querer oír, ni entender a nadie más que a ti mismo.	3, 6	Mantén tu mente abierta a las decisiones. Qué puedes perder si bajas tu ego y escuchas a los demás con humildad, seguramente podrás tener nuevas ideas y encontrar un camino diferente. Escucha hacia adentro, hacia tu ser interno.
Tiña	No te sientes limpio, ni puro. Te sientes atorado por un grupo que te juzga.	1, 3	Me amo y me aprecio más que nunca. Me siento más fuerte después de mis experiencias en la vida y las opiniones de los demás no influyen en el amor por mí mismo.
Tiroides (problemas)	Sientes que no se te respeta.	2, 3, 5	Externa esta opinión ahora con aquéllos a los que amas. Dilo que sientes, el diálogo es lo mejor para aclarar asuntos y no crear resentimientos. Si tú te respetas lo suficiente para atreverte a hablar, los demás también lo harán.
Tobillo (torcedura)	Atención hacia dónde vas. Cambios de dirección. Gran necesidad de flexibilidad en tu camino.	3, 6	Momento de parar, conectar contigo mismo y lo que quieres en la vida, y evaluar las decisiones que estás tomando. Estoy abierto y listo para aceptar los desafíos en mi vida para mi crecimiento.
Tonsilitis	Vea amigdalitis.		
Torcedura	¡Despiértate! ¿Cuándo vas a mirar las señales?	3, 6	Estoy listo para ver mis mensajes poderosos y tomar decisiones a través de mi voz interior.

T

Síntoma o dolencia	Conexión mente-cuerpo	Chakra(s)	Tu percepción y tu sanación
Trismo	Enojo, deseo reprimido de decir algo que lastima.	2, 3	Expresa lo que sientes en un nivel amoroso y de mayor conciencia. Lo que digas no es para hacer daño sino para crear más amor entre las partes. Exprésalo con gratitud por los beneficios que aprendiste.
Trombosis coronaria	Vea coronarias.		
Tuberculosis	Autodestructivo a causa del ego. Profundo enojo.	3, 4	Aprende a perdonar y a encontrar los beneficios de los sucesos para estar en armonía con la vida. Hoy decido iniciar una vida diferente, llena de amor, con humildad y gratitud.
Tumores generales	Antiguos recuerdos siguen apareciendo hoy para destruirte.	1, 2, 4	Abandona el pasado y ama incondicionalmente el presente. Da gracias por las lecciones aprendidas y ten un nuevo inicio. Ámate mucho y consiéntete.
Tumores fibroides (miomas)	Heridas o culpa del pasado siguen atormentándote.	2, 3	Crea una nueva vida en el presente. Despréndete del pasado con gratitud. Regálate todo el amor que tienes dentro.

U

Síntoma o dolencia	Conexión mente-cuerpo	Chakra(s)	Tu percepción y tu sanación
Úlcera	Irritado, pero renuente a decir lo que piensas.	2, 5	Necesidad de hablar claro y decir lo que realmente te está preocupando. Tengo el valor de decir mi verdad porque merezco ser libre y feliz.
Úlcera péptica	Enojo contigo mismo. Restar valor a la autoestima.	3	Examina en qué eres bueno y úsalo para ayudar al mundo y a ti mismo. Soy mi mejor amigo, confío en mí y me amo muchísimo.
Uña enterrada	Miedo y culpa por avanzar.	1, 3	La culpa no existe, hice lo que debía hacer por mi verdad. El universo me apoya y estoy listo para confiar en mi intuición. Merezco ser feliz.
Uñas (morder)	Inseguridad y frustración de expresarse.	3, 5	Tengo confianza y certeza expresando mis sentimientos e ideas a los demás. Me siento libre y seguro de ser quien soy.
Uñas (problemas)	Estar a la defensiva. Sentimiento de ser atacado.	3	Necesidad de confianza en ti mismo y certeza en cuanto a la dirección que se sigue. Si tengo certeza y confianza en mí, nadie puede molestarme.
Urticaria	Alguien te está provocando gran enojo.	1, 2	Encuentra cómo esa persona o suceso te ha enseñado algo. Revisa la Ley del Espejo y utiliza a esta persona para enseñarte a trabajar con tu interior.

U

Síntoma o dolencia	Conexión mente-cuerpo	Chakra(s)	Tu percepción y tu sanación
Útero (problemas)	Persistencia de ira contra la familia.	1, 2	El pasado ya está allá, sólo puede hacerte daño si tú quieres. Perdona, olvida y encuentra las bendiciones en la crisis. Verás que te ha enseñado muchas cosas maravillosas. Hoy doy vida a una nueva oportunidad para mí.

V

Síntoma o dolencia	Conexión mente-cuerpo	Chakra(s)	Tu percepción y tu sanación
Vaginitis	Enojo contra el padre o pareja. Culpabilidad sexual.	2	Busca el amor o el apoyo que piensas que te falta, dentro de ti. Nadie tiene poder sobre tus sentimientos y emociones. Eres libre de vivir como mejor te plazca. Revisa la Ley del Espejo en la primera sección, te ayudará a entender cómo esto te sirve.
Várices	Sentimiento de que se te impone demasiado trabajo y no te aprecian.	1, 3	Enorgullécete de tu trabajo, uno hace lo mejor que puede y eso debe ser suficiente para ti mismo. No tenemos control sobre las percepciones de los demás. Ámate a ti mismo y concéntrate en lo que amas hacer sin importar nada más.

V

Síntoma o dolencia	Conexión mente-cuerpo	Chakra(s)	Tu percepción y tu sanación
Vejiga (problemas)	Ansiedad, miedo al futuro. Miedo a desprenderse del pasado. Ira no expresada.	2, 3	Lo único importante el día de hoy es el presente, el pasado ya no está, el futuro no ha llegado. Aprende las lecciones y disfruta tu vida. El 90% de los miedos no llegan a realizarse, sólo están en tu cabeza. Tómate un tiempo, relájate y comienza de nuevo.
Venérea (enfermedad)	Culpabilidad sexual. Querer pagar por la culpa. Enojo hacia ti mismo por algún suceso del pasado.	2, 3	Entiende que no hiciste nada malo. Acuérdate de que existe un plan divino y Dios no comete errores. Amo mi cuerpo y amo cuidarlo y demostrarle este amor. Disfruto del placer porque lo merezco, no importa qué hice o no hice, soy digno de amar y ser amado.
Verrugas	Momentos de ira que has ido acumulando a lo largo del tiempo.	1, 2	La vida te trajo estas lecciones para aprender, no para hacerte enojar. Vuela por encima de ellas, no pueden afectarte más. Hoy decido ver el mundo desde el amor y eso me hace sonreír y amar.
Vértigo	Pensamiento disperso. Inseguridad en cuanto a qué dirección seguir.	3, 6	Escucha tu corazón y luego, céntrate en tu misión. La vida te guiará si confías. Recuerda que Dios te tiene en el lugar perfecto, a la hora perfecta, no puede haber errores, sólo abre tus ojos.
Vesícula (piedras en la)	Actitud endurecida hacia una persona o suceso. Amargura o enojo.	2	Libera el pasado y encuentra el amor en la vida. Busca las enseñanzas de esa persona o suceso, te sorprenderás de lo que te ha dado en beneficios. Céntrate en lo bueno de tu vida.

V

Síntoma o dolencia	Conexión mente-cuerpo	Chakra(s)	Tu percepción y tu sanación
Vías urinarias (infección)	Ira. Usualmente contra la pareja o cónyuge.	2	Aprende a resolver los problemas y a desprenderte del ego. Revisa la Ley del Espejo en la primera sección, recuerda que lo que ves afuera es adentro de ti. Trabaja en tu interior.
Viruela (erradicada)	Inseguridad y miedos al rechazo de los padres.	1, 3	Mis padres me aman exactamente como soy y están orgullosos de mí. Soy luz divina y tengo una misión que cumplir.
Vista cansada	Vea presbicia.		
Vista corta	Miedo a ver el futuro.	3, 6	Confía en el Universo y en el Plan Divino para contigo. La lección está en solamente ver el regalo presente, el día de hoy. Disfruta cada minuto como si fuera el último. Diviértete.
Vitiligo	Sentirse extraño en tierra extraña. No te sientes parte de tu mundo.	3, 6	Debes conciliarte contigo mismo, ver qué hay dentro de ti, y qué quieres realmente de ti. ¿Cuál es tu misión? ¿Qué haces aquí? Cuando encuentres esas respuestas, sentirás cómo el mundo sí te apoya y eres parte de todo. Confróntate.
Vulva (problemas)	Sentimiento de vulnerabilidad en tu vida íntima, o en tus partes más profundas.	2, 4	Ser vulnerable es tu poder, porque nadie puede hacerte daño si tú no lo permites. Siéntete segura, confía en ti. Tienes la fuerza de salir adelante en cualquier situación. Ser vulnerable significa abrir el corazón y sólo así encontrarás el amor incondicional dentro y fuera de ti.

Ahora haz un análisis de qué actitudes quieres cambiar, cuánto tiempo y atención dedicas a tu cuerpo y un plan de cambio para enfrentar los desafíos que padece tu salud.

1. Describe de qué manera escuchas y atiendes a tu cuerpo.

_____

_____

_____

_____

_____

2. Cuando experimentas un padecimiento, ¿lo ignoras o recurres al médico y buscas la solución?, y mientras tanto, ¿procuras entender qué está intentando decirte tu cuerpo?

_____

_____

_____

_____

3. ¿Cuando tienes sueño duermes, cuando tienes hambre comes, cuando necesitas ir al baño vas, u obligas a tu cuerpo que espere?, ¿o le prestas atención cuando tú quieres a causa de tus emociones?

_____

_____

_____

_____

4. ¿Qué actitudes identificaste que debes modificar?

_____

_____

_____

_____

_____

_____

5. ¿Cómo las vas a modificar?

_____

_____

_____

_____

_____

6. ¿Qué cambiaría en tu vida si estuvieras completamente sano?

_____

_____

_____

_____

_____

7. Si estuvieras completamente sano, ¿qué cosas ya no tendrías de las que tienes debido a este padecimiento?

_____

_____

_____

_____

_____

_____

La metafísica de las partes del cuerpo

Ahora veremos otra manera de examinar los mensajes ocultos y el lenguaje del cuerpo. Al analizar por separado las partes del cuerpo, podemos encontrar su significado a fin de referirnos a una enfermedad determinada, un trastorno o un diagnóstico médico. Cierta información proporcionada en esta sección coincidirá claramente con la de la primera sección, mientras que otra parte de la información añadirá profundidad y mayor comprensión a todo lo referido al inicio de la obra. Recuerda que los datos aquí expuestos no constituyen una ciencia exacta y nunca se tuvo el propósito de que lo fuera. El empleo de tu propia intuición te ayudará a realizar una evaluación clara de tus preguntas relativas a la salud y a todo lo relacionado con determinada parte del cuerpo. La interpretación de cada síntoma depende de cada persona y el momento que esté experimentando en la vida. Comenzaremos con las partes o regiones externas, para luego continuar con las internas u órganos y sistemas del cuerpo.

Debido a la relación anatómica de los siete chakras básicos, iniciaremos con los pies y seguiremos la trayectoria de los chakras en orden ascendente.

PARTES O REGIONES EXTERNAS DEL CUERPO

Pies

Los pies son nuestros elementos estabilizadores en relación con la postura que adoptamos en la vida. Unos pies estables reflejan emociones estables y una habilidad apropiada para hacer frente a las responsabilidades en la vida. Alguien con pies sanos es un ser representativo de individualidad sólida, bien asentada, de mente equilibrada y segura de sí.

PIES PLANOS. Corresponden a individuos con personalidades "planas" que parecen deslizarse por la vida mostrando poco entusiasmo, pero con poco que perder también. Las personas con pies planos tienden a evitar los riesgos, poseen menor cantidad de energía y se fatigan con facilidad. La energía de un individuo con pies planos muestra tendencia a dispersarse y ello se ve reflejado en sus dificultades para mantenerse estable en un ambiente agradable de trabajo y también en las relaciones interpersonales. En consecuencia, las personas con pies planos tienden a sentirse víctimas con respecto a la responsabilidad y se perciben a ellas mismas como cargando con el peso del mundo sobre sus hombros.

DEDOS DE MARTILLO. Las personas con este trastorno se sienten muy inseguras y necesitan aferrarse a la tierra, sea como sea. Por ello tienden a rasguñar y a "clavar sus garfios", como en una lucha constante.

ARCOS CAÍDOS. Estos individuos sienten que reciben muy poco apoyo, lo cual, según ellos deducen, es la causa de su inestabilidad. Esas personas son fácilmente manipulables, porque "se hunden" en los deseos de los demás, incluso aunque ellos resulten perjudicados.

DEDOS DE PALOMA (VUELTOS HACIA ADENTRO). Estas personas son por lo general de naturaleza conservadora e introvertida, y tienen la tendencia a seguir las reglas, manteniéndose dentro de las normas sociales.

PIES DE PATO. Estas personas suelen ser rebeldes de cara a la sociedad y de naturaleza extrovertida. Tienden a mostrarse en contra de la autoridad y a buscar su propio destino.

Los dedos de los pies. Representan los pequeños detalles del futuro en cuanto éste se relaciona con la dirección que se seguirá.

Uñas de los dedos. Es la parte que nos permite "defender nuestro territorio" en los desafíos de la vida.

Juanetes y callos. Representan la rigidez o la terquedad al tomar decisiones. No les gusta el cambio o las nuevas ideas.

Pie de atleta. Las personas con pie de atleta piensan que no son aceptadas tal y como son. La frustración los sitúa en una actitud de ponerse a prueba a ellos mismos, lo cual les bloquea todo intento de progreso y hace que disminuyan sus defensas.

Tobillos

El tobillo representa flexibilidad, y también vulnerabilidad, en cuanto se relaciona con nuestra postura ante la vida y la habilidad para seguir adelante en el propio camino con seguridad y decoro.

Torceduras y esguinces. Estas lesiones agudas son advertencias tempranas de que se debe prestar atención al camino que seguimos. Si el tobillo se inflama y no tiene buena movilidad, significa que debemos permanecer quietos por un tiempo antes de aventurarnos a emprender otra dirección.

Fracturas. Es una señal muy fuerte y deliberada de que la dirección que estamos siguiendo no es la más favorable en relación con la propia misión y la congruencia en la vida.

Piernas y los muslos

Las piernas representan la capacidad de moverse hacia el futuro. Estas partes de la anatomía literalmente nos transportan a nuestro destino.

DEBILIDAD Y FALTA DE DESARROLLO. Las personas con estos problemas carecen de confianza, de autoestima, y necesitan de otros que carguen con su vida.

PIERNAS FUERTES Y MUY DESARROLLADAS. Personas muy bien fundamentadas pero con tendencia a ser menos flexibles en las decisiones que les ayudarían a avanzar en el futuro.

Muslos

Parte superior de la pierna que está ligada a la familia o núcleo social actual. Por lo que si existen golpes, dolores, heridas en la parte superior son problemas actuales o percepción de culpabilidad que te impiden avanzar.

Pantorrillas

Esta parte está ligada a problemas familiares de la niñez. Si existen golpes, dolores, heridas en esta parte indica que pasaron cosas que no has podido superar desde hace tiempo y están deteniendo tu avance.

Rodillas

Las rodillas representan la flexibilidad que se debe mantener con el fin de movernos hacia adelante en la vida. La inflexibilidad es un signo de desafío del ego, que tarde o temprano nos pondrá de rodillas para entender el designio divino en los desafíos de la vida.

DAÑO A LOS LIGAMENTOS. Daño estructural en la familia, profundamente arraigado, que se percibe durante la infancia. Si se evita examinar estas cuestiones, ello será causa de un colapso de las estructuras que soportan nuestro avance hacia el futuro.

MENISCO, BOLSAS, TENDONES. Los problemas en estas partes anatómicas indican una falta temporal de apoyo en relación con el avance en planes futuros. El enojo y la tensión dominan el estado actual de las cuestiones emocionales, y la necesidad de confrontarlas es imperiosa para el progreso personal.

Cadera y pelvis

La cadera y la pelvis representan el equilibrio y la estabilidad de la unidad familiar. El *chakra* tribal es el primer *chakra*. Las cuestiones familiares causarán desequilibrio en la cadera, mientras que los asuntos de carácter sexual causarán por lo común desequilibrio en la región pélvica.

Parte inferior de la espalda

La parte inferior de la espalda representa las cuestiones de apoyo que tienen que ver con la familia, así como la relación de uno a uno, por lo común con un ser amado. Las cuestiones relacionadas con la parte inferior derecha de la espalda y la región sacro ilíaca son de naturaleza financiera. Los síntomas similares conectados con la parte inferior izquierda tienen que ver con el amor y la intimidad.

PROBLEMAS DE DISCOS. Los problemas de discos en la parte inferior de la espalda están asociados con la percepción de falta de apoyo, usualmente de la familia. Sin embargo, cuando pasamos la mayor parte del tiempo en el trabajo, la "familia" que conforman los compañeros de trabajo podría ser también el origen de la falta de apoyo. Esta área representa el punto donde se encuentra el segundo *chakra* o el *chakra* raíz.

Parte media de la espalda

Los problemas en esta parte representan una culpa del pasado que continuamente acecha. El dolor y los desafíos de salud en esta área son usualmente fuertes mensajes que instan a situarse en el presente y dejar atrás el pasado. La parte media de la espalda representa la ubicación del tercer *chakra* o plexo solar, y tiene que ver principalmente con la autoestima y el valor propio.

Parte superior de la espalda

Los problemas en esta parte tienen que ver con las responsabilidades. Dificultades para pedir ayuda al pensar que uno tiene que cargar con todo el peso. Las cuestiones relacionadas con el corazón o el amor tenderán a agravar los problemas en esta región anatómica. Aquí se localiza el cuarto *chakra* o *chakra* del corazón.

Cuello

El cuello es la zona donde está localizado el quinto *chakra*. Representa la capacidad para comunicarnos y expresar nuestra verdad. También nos proporciona la habilidad de vislumbrar el futuro o mirar atrás, hacia el pasado, con cierto grado de flexibilidad.

TORTÍCOLIS. Lo que a menudo suele referirse como una torcedura de cuello, rigidez unilateral, representa una cuestión que nos negamos a encarar, o que se considera con un enfoque inflexible. No se quiere ver el otro lado de las cosas o considerar otro punto de vista.

DEGENERACIÓN DE LOS DISCOS. Ésta es una indicación de que, de manera lenta pero segura, la falta de comunicación y de expresarse con la verdad en muchos aspectos crea una falta de apoyo y un sentido de desesperanza de poder esclarecer alguna vez cuál es la posición que uno tiene. El quinto *chakra* o *chakra* de la garganta es el que se relaciona con la expresión sincera a través de una buena comunicación.

Cabeza

La cabeza, el pelo y el cuero cabelludo representan la ubicación del sexto y séptimo *chakras*. La habilidad para concentrarse, meditar, orar o utilizar nuestra propia intuición forma parte del sexto *chakra*. Los órganos internos de esta área se abordarán más adelante, en el apartado que trata los órganos y sistemas del cuerpo. El séptimo *chakra*, conocido como *chakra* de la corona, es el área que representa la conexión sagrada con nuestro Dios, nuestra fe y esperanza.

GOLPES, TRAUMAS Y LESIONES EN LA CABEZA. Por lo común, estos problemas son una clara indicación de la necesidad de prestar atención a cómo van las cosas en la vida en este preciso momento. Son un signo o llamada para que despertemos de la situación en la que nos encontramos, que es parecida a soñar despiertos o a vivir una ilusión.

Hombros

Los hombros representan el área de la responsabilidad y la culpa. Siempre que pensemos que no recibimos el apoyo necesario o que no somos lo bastante apreciados en nuestra vida presente, es probable que experimentemos síntomas en los hombros. Los dolores crónicos en los hombros por lo general se refieren más a una culpa que se ha estado cargando durante largo tiempo, sin que realmente se encaren de manera adecuada las cuestiones relacionadas con ella.

BURSITIS, TENDINITIS Y CAPSULITIS. Estos padecimientos representan enojo, resentimiento y frustración por sucesos que están creando un sentimiento de culpa, o por hechos que se perciben como la causa de una gran carga de responsabilidad.

Costillas, clavícula, y omóplato

COSTILLAS. Las costillas representan la capacidad de sentirse protegido. Dependiendo de la ubicación de las costillas afectadas, el órgano que corresponda a éstas revelará en gran medida hacia dónde es necesario dirigir esa protección. Por ejemplo, la cuarta costilla anterior izquierda indica que es necesaria la protección del corazón.

CLAVÍCULA. La afectación de la clavícula o el hueso del cuello manifiesta la necesidad de tener flexibilidad en el futuro en lo referente a la responsabilidad. La clavícula izquierda está relacionada con cuestiones del amor, mientras que la clavícula derecha representa las situaciones relacionadas con las finanzas, la carrera profesional y los planes de vida.

OMÓPLATOS. Los omóplatos o paletillas son nuestras reminiscencias de las alas. Siempre que surgen cuestiones de salud relacionadas con los omóplatos existe un fuerte mensaje de la necesidad de volar. Cuando experimentamos contención, ya sea que ésta provenga de nosotros mismos o de otras personas, estamos recibiendo mensajes de que es el momento de hacer un cambio y asumir riesgos de nuevo. El omóplato izquierdo representa vuelo en aspectos del amor y las relaciones, mientras que el omóplato derecho representa las cuestiones de negocios, finanzas, toma de decisiones...

Brazos y codos

BRAZOS. Los brazos representan la parte de nosotros que quiere alcanzar o desea deshacerse de algo o de alguien. El dolor, artritis o dificultades de movimiento deben analizarse atendiendo a cuál es el movimiento que se nos dificulta, ya que nuestro cuerpo nos está indicando que no lo realicemos o que no pretendamos realizarlo. Por ejemplo, si experimentamos incapacidad para extender los brazos, ¿qué es aquello de lo que no quieres desprenderte o aquello a lo que tienes miedo a aferrarte?

CODOS. Los codos están relacionados con las mismas cuestiones, pero reflejan la necesidad de ser flexibles acerca de la posición que adoptamos al aferrarnos a algo o al deshacernos de ello. Los cambios de dirección en nuestra vida exigen flexibilidad de nuestra parte para dejar atrás lo viejo y tomar lo nuevo.

Codo de tenista. La irritación y el enojo hacen que uno quiera refrenarse de extender la mano. La flexibilidad sólo llegará cuando las cuestiones que giran en torno al enojo se hayan resuelto.

Muñeca, manos, dedos y uñas

Muñeca. Esta zona anatómica tiene que ver con la flexibilidad y el movimiento en las áreas que implican situaciones de retener o dejar ir. La inflamación y las limitaciones son signos de enojo y de emociones que necesitan resolverse, antes de tomar decisiones.

Manos. La capacidad para retener o desprendernos de personas, lugares o sucesos en nuestra vida está estrechamente conectada con nuestras manos y dedos. Muchas de las decisiones diarias que tomamos se relacionan específicamente con nuestras manos, y viceversa.

Dedos. Cada dedo representa conexiones específicas con nuestras emociones y relaciones en este mundo.

Pulgar. Preocupación e intelecto.
Índice. Ego, miedo o sensación de incapacidad para manejar dinero y asuntos financieros, juicios.
Medio. Sexualidad y enojo, por lo común hacia tu pareja.
Anular. Unión con otro u otros, compromiso, o experimentar una gran pena.
Meñique. Conexión con la familia cercana. Compromiso con la familia. Autenticidad.

Uñas. Las uñas representan las defensas mentales. Pueden estar conectadas a todo lo relacionado con los dedos sólo cuando una o dos uñas están implicadas, por ejemplo, la uña del dedo medio representa la frustración mental y el enojo relacionados con cuestiones sexuales que significan un desafío para la persona.

LOS ÓRGANOS DEL CUERPO

A continuación examinaremos los principales órganos corporales a fin de tener una idea de la conexión metafísica que determinadas enfermedades y padecimientos tienen con las emociones, así como de los signos y mensajes que transmiten. Los órganos se irán tratando de la misma forma en la que se hizo con el sistema óseo, partiendo de la localización de los *chakras*. De esta manera, se ofrece un patrón coherente y de fácil referencia cuando sea necesario consultar sobre el nivel del *chakra*, el padecimiento y la parte corporal.

GENITALES. Puesto que ésta es la zona de la creación y la reproducción, hay muchos ejemplos de conexiones metafísicas asociadas con este sistema orgánico. La energía sexual mueve básicamente todos nuestros sistemas, entre ellos el endocrino y hormonal, por tanto, su cuidado y mantenimiento es vital para nuestra supervivencia física. Se relacionan con sexo, poder o dinero. Relación de uno a uno. Segundo *chakra*.

EL ACTO DE AMOR. En virtud de la naturaleza dualista en la que se basa todo en el universo, la "atracción de los opuestos" es una expresión natural y creativa de los presentes con que nos colma la vida. El dar y recibir, el flujo y el reflujo emanan del mismo principio de atracción sexual básica que encontramos en el acto sexual. Ésta es la conexión más cercana del ser humano con la madre naturaleza y con nuestro Creador. En el clímax del orgasmo, una sensación de pérdida total del control consciente nos invade, cuando el placer y el éxtasis dejan a nuestro ser en un estado de arrobamiento. Es como si hubiéramos llegado a alcanzar las estrellas o nos conectáramos con Dios. Mediante este acto simple y natural, adquirimos revitalización y eliminamos gran cantidad de estrés. La unión en uno solo, de dos seres que se aman, es la suma expresión del amor de la creación.

LIBIDO. Los seres humanos con frecuencia, en nuestro empeño por sobrevivir y conquistar nuestro entorno y el mundo, permitimos que el corazón ocupe una segunda posición frente al cerebro. Ya que el cerebro está diseñado para autoprotegerse a toda costa, tenemos la capacidad de cerrar nuestro corazón, en un esfuerzo por sostenernos a nosotros mismos. Cuantas más barreras levantamos para no sentirnos lastimados, más difícil nos resulta experimentar los sentimientos naturales del corazón. Esto crea un ciclo de separación de los sentimientos reales y auténticos, provocando una carencia del impulso sexual. La única manera en que el hombre o la mujer lograrán renovar la libido sexual consiste en volver a entrar en contacto con el fluir natural de los sentimientos y las sensaciones, ubicando el estrés de la supervivencia en un lugar adecuado.

OVARIOS. Mientras que, por un lado, los ovarios representan el punto de la creación de un nuevo ser humano, los padecimientos en los ovarios representan también el estancamiento de la creatividad en todos los aspectos de la vida por ira, miedo, enojo, etcétera.

PROBLEMAS MENSTRUALES. Puesto que el ciclo de la menstruación es una forma de limpiarse y renovarse, los desafíos en esta área se relacionan también con la limpieza y la reparación de las relaciones. El ciclo menstrual está generalmente asociado con el primero y segundo *chakras*, de manera que cuestiones muy arraigadas, relacionadas con los padres o con la pareja, causarán desequilibrios e irregularidades en el ciclo.

ENDOMETRIOSIS. La sobreproducción o el estancamiento del ciclo menstrual causan la acumulación de sangre vital que ahoga toda oportunidad de crecimiento, de creación de vida o generación de creatividad. Entre las emociones conectadas a la endometriosis que pueden servir de ejemplo se encuentran la frustración, el miedo al futuro, la inseguridad y la decepción.

VAGINITIS. Enojo hacia la pareja, vulnerabilidad e irritación por haber fingido durante la relación sexual.

PENE Y TESTÍCULOS. Ya que constituyen la principal representación de la masculinidad, cualquier acción percibida como desafío a la sexualidad o al poder del hombre da como resultado desequilibrios y trastornos en estos órganos.

PRÓSTATA. Entre lo relacionado con los padecimientos de la próstata se cuentan el miedo al deterioro de la masculinidad y al envejecimiento, así como el temor a perder la atracción sexual. Estos sucesos generan una presión emocional creciente que da por resultado inflamación o autodestrucción.

IMPOTENCIA. Sentimiento de no ser merecedor. Cargar una culpa sexual por sucesos pasados, así como miedo a no complacer a la pareja.

FRIGIDEZ. Resultado de experiencias sexuales no deseables, es la completa expresión de rechazo a futuros encuentros por miedo a la repetición de los sucesos. No ser capaz de desprenderse del pasado.

MENOPAUSIA. El miedo a envejecer, la pérdida de la sexualidad, el cambio en la vida, todo ello produce síntomas que hacen aflorar esos malestares.

TUMORES Y QUISTES EN LA PRÓSTATA O EN LOS OVARIOS. Sucesos o relaciones en el pasado; generalmente refieren a una persona o personas que han continuado dominando en los pensamientos del presente.

Órganos de la digestión

Incluyen el estómago, el intestino delgado y el grueso. Como regla general, estos órganos se localizan en el segundo *chakra* (raíz) y en el tercero (plexo solar). Son los receptores de numerosas emociones almacenadas y reflejan una combinación de emociones guardadas que han sido vertidas también desde otros órganos.

ESTÓMAGO. Es el órgano principal de la digestión de los problemas. La tristeza, los miedos, las cuestiones de autoestima se localizan en el estómago. Cuando nos falta el cariño y el cuidado, buscamos satisfacción oral por medio de la comida. El muro de protección emocional que es sostenido por la grasa que rodea al abdomen es prueba evidente de inseguridades profundamente arraigadas. Un estómago irritable debido al reflujo o los ardores, hasta el punto de provocar úlceras, es indicativo de una ira o irritación muy enraizadas que se han albergado por largo tiempo. El deseo de determinadas especias en nuestros alimentos es una indicación de necesidades emocionales específicas:

Sal: angustia mental.
Dulces: necesidad de cariño y cuidado.
Picante: necesidad de aventura y de asumir riesgos.
Alimentos sosos: es tiempo de asumir nuevos desafíos.
Alimentos agrios: necesidad de ser conservador en cuanto a los desafíos en la vida.

NÁUSEA. Rechazo de una idea o de una persona.

VÓMITO. Rechazo violento de una idea o de una persona.

ARDOR. Algo en una persona o cosa no está bien o no es confiable.

GASTRITIS. Sentimientos de fatalidad hacia una idea o situación.

INDIGESTIÓN CRÓNICA. Ira o incapacidad de hacer algo.

BULIMIA. Ira y odio hacia uno mismo.

FALTA DE APETITO. Falta de cariño, no desear seguir sin cuidados y amor.

APETITO EXCESIVO. Necesidad de protección emocional.

HERNIA HIATAL. Relaciones rotas sin haber examinado nunca el porqué de ello.

ÚLCERA. Constantemente enojado consigo mismo o con los demás. Cargar con la culpa de la responsabilidad y ser uno mismo su peor enemigo. Autocrítico, dar mucha importancia a los logros.

INTESTINO DELGADO. Es el área donde ocurre la asimilación de las ideas. Es también el lugar de análisis de las emociones y los pensamientos. Es el punto decisivo de aceptación de una buena idea o acción y de rechazo de lo malo. Es aquí también donde recibimos (aceptamos) o dejamos ir y eliminamos (depuramos) las ideas después de analizadas.

PARÁSITOS. Amibas, tifoidea. Los parásitos representan la cesión de nuestro poder a otros y la culpa que lleva asociada. Las amibas son el sentimiento de estar atrapado emocionalmente. Las fiebres tifoideas representan el miedo a la desesperación de no expresarse ni vivir con la verdad.

INTESTINO GRUESO. Es el almacén de las emociones que tienen que ver con las viejas ideas y procesos de pensamiento que son obsoletos en la vida actual. Aquí residen las ideas caducas, las experiencias y las emociones muertas. Muchas ideas nuevas son abortadas debido al miedo de ponerlas en práctica, o debido a la terquedad del ego en su resistencia al cambio. Todo esto produce anomalías en el intestino grueso.

ESTREÑIMIENTO. Es específicamente un signo de bloqueo de las emociones, así como de terquedad frente al cambio. La necesidad de sentir seguridad en el presente incluye aferrarse a viejos hábitos e ideas. La persona está detenida en el pasado y no puede liberarse de los traumas emocionales experimentados para poder vivir en el presente.

COLITIS. Irritación a causa de sucesos negativos que ocurrieron sin que mediara ninguna explicación. Es muy común la opresión que perdura por la influencia paterna, ya sea al no haber atendido las necesidades emocionales del niño o al haberlas calificado de tontas o estúpidas, ya sea al haber dominado su vida tanto social como mentalmente.

RECTO Y ANO. Vía por la cual el cuerpo se deshace de las cosas que ya ha aprovechado y no le sirven más. Es aquí donde todo lo que percibimos como dañino se queda intoxicando al cuerpo debido a que no podemos soltarlo. Si pudiéramos comprender que todas esas lecciones nos han dejado beneficios a su paso y no sólo centrarnos en el lado negativo, podríamos liberarnos y hasta agradecer que hayan sucedido, además de crecer espiritualmente. Primero y segundo *chakras*.

HEMORROIDES. Sucesos pasados con los que uno quedó deshecho y de los que no puede desprenderse. Hay un miedo a dejar atrás esos recuerdos y se tiene el sentimiento de no querer perdonar a la persona o lo acontecido.

SANGRADO Y PRURITO ANALES. Ser incapaz de dejar atrás antiguos sucesos en una relación de amor, se asocia con el sangrado. El prurito tiene que ver con la culpa por algo que uno no puede olvidar.

RIÑONES. Los riñones son los filtros de las cuestiones familiares. La capacidad de discriminar qué es verdadero y qué es falso. Las mentiras y las falsas personalidades están almacenadas en los riñones.

INSUFICIENCIA RENAL. Se relaciona con no ser sincero con uno mismo y sentirse culpable por ello. Mala nutrición emocional.

PIEDRAS EN EL RIÑÓN. Enojo, amargura que se siente hacia determinada persona y ante quien uno reacciona con la "frialdad de una piedra". Casi siempre la persona hacia la que van dirigidos estos sentimientos es alguien cercano o que forma parte de la familia.

ACUMULACIÓN DE ÁCIDO ÚRICO. El ego está fuera de control; sentimiento de haber sido tratado injustamente.

GOTA. Obstinación. Se experimenta la necesidad de dominar a causa del ego y la sensación de ser como las uvas agrias para algunos miembros de la familia.

GLÁNDULA SUPRARRENAL. Es la glándula que estimula nuestros niveles de energía en tiempos de emergencia o de estrés. El exceso de adrenalina causa un comportamiento irracional y es signo de miedo a una persona o a una situación. La falta de adrenalina, por otra parte, es señal de que la persona se toma la vida de manera tan ligera que no acepta examinar la realidad ni asumir la responsabilidad de sus acciones, es una persona inmadura. También puede implicar una persona que se exige tanto a sí misma que ya no puede más con los niveles de estrés por querer resolver el mundo entero sin delegar a las demás personas.

VEJIGA. Implica retener viejas ideas y sentir miedo de las ideas nuevas.

INFECCIÓN. Enojo hacia ti mismo por no querer aceptar nuevas ideas.

INCONTINENCIA. Cuando uno está emocionalmente fuera de control y no puede contener en modo alguno las emociones.

RETENCIÓN DE LÍQUIDOS. Sentimiento de ser menos que los demás e incapacidad de liberar las emociones.

HÍGADO. Es el órgano diseñado para enseñarnos el arte de la paciencia y de la paz. Es donde se almacena más enojo y resentimiento que en cualquier otra parte del cuerpo.

HEPATITIS. Afecta a las personas que constantemente se quejan de su vida y de la gente que interviene en ésta. Abundancia de resentimiento y enojo. Siempre con prisa por hacer las cosas, estas personas a menudo olvidan aspirar el aroma de las rosas que da la vida. Muy resistentes al cambio; todas las circunstancias que les rodean se deben a razones externas.

VESÍCULA BILIAR Y PIEDRAS. Agresión crónicamente almacenada que se ha solidificado como parte de nuestra vida.

PULMONES. Los pulmones son nuestros órganos de inspiración, lo cual significa atraer el espíritu hacia dentro. Ellos nos proporcionan la chispa para ser, hacer y tener todo cuanto queremos de la vida.

ASMA. Sensación de estar ahogado por el amor de manera incómoda. Demasiado control. Usualmente comienza por el dominio de parte de los padres.

PROBLEMAS RESPIRATORIOS. Miedo a asumir la responsabilidad por la propia vida.

TOS CRÓNICA Y BRONQUITIS. Necesidad de atención; se grita al mundo reclamando cariño.

ENFISEMA. Miedo a seguir viviendo. Perder la esperanza de la chispa que nos mueve.

NEUMONÍA. Querer darse por vencido. Desesperado por deshacerse del plano físico.

PÁNCREAS. La principal función del páncreas es controlar el azúcar sanguíneo. Tiene que ver con la forma en la que reaccionamos ante la dulzura y el amor de la vida.

DIABETES *MELLITUS*. Incapacidad de desprenderse de un suceso pasado, el cual fue la causa de que la persona perciba haber perdido la dulzura de la vida.

BAZO. Es el órgano que produce los glóbulos rojos que transportan el oxígeno a todos los demás órganos. Los padecimientos del bazo representan los problemas familiares que parecen arrebatarnos nuestro deseo de vivir o de sostener una relación con la familia.

CORAZÓN. Capacidad de amarse a sí mismo y a los demás. Las enfermedades del corazón casi siempre implican la percepción equivocada de que falta el amor en nuestra vida.

INFARTO AL MIOCARDIO. Está presente cuando uno se ha desviado de las cuestiones del corazón y ha dedicado más tiempo y energía a los asuntos del mundo material.

ANGINA DE PECHO. El recuerdo doloroso de no amarse a sí mismo o de sentir que uno no es amado por los demás.

PRESIÓN SANGUÍNEA ALTA. Personas que contienen en su interior las cuestiones del amor por enojo, miedos, educación, etcétera, hasta el punto cercano a la explosión.

PRESIÓN SANGUÍNEA BAJA. Personas que se sienten no amadas, faltas de aprecio y que han perdido la fe en que alguna vez serán amadas o que serán capaces de amar verdaderamente a otros.

ARRITMIA. Los constantes cambios emocionales y altibajos en relación con el amor a uno mismo o en la relación de amor con los demás. Falta de consistencia en una relación.

CIRCULACIÓN EN GENERAL. Representa el flujo de la vida dentro de la relación con los demás en la familia.

VÁRICES. Falta de flexibilidad en la vida familiar. Todo parece estar estancado, pero existe demasiado temor a un cambio. En consecuencia, surge la apatía.

TROMBOSIS. Supresión del amor en una relación o en el ambiente familiar. Falta de flexibilidad para llevar a cabo cambios a fin de vivir en el presente, cuando viejos traumas alojados en el corazón no se pueden superar.

PROBLEMAS DE COLESTEROL. Miedo a permitirse ser feliz. Percepción de que la felicidad no se puede lograr por el control familiar o crecer con estas ideas.

PROBLEMAS DE LA GARGANTA. En general, esta área representa la propia capacidad de comunicar sentimientos, sensaciones, ideas y emociones.

DOLOR DE GARGANTA. Incapacidad de expresar la ira hacia otros. Laringitis. La persona está tan enojada que no puede expresar lo que verdaderamente siente.

INFECCIONES DE AMÍGDALAS O INFLAMACIÓN CRÓNICA. ADENOIDES. Incapacidad de decir "te amo" a miembros de la familia.

NÓDULOS O TUMORES EN LA GARGANTA. Miedo a comunicar la verdad acerca de traumas pasados.

PROBLEMAS DE LA LENGUA. Evitar el dolor que pudiese causar probar el otro lado de la verdad.

GLÁNDULA DEL TIMO. Es el órgano que representa nuestras defensas mentales. Es parte de nuestro sistema inmunológico. Los nódulos y los tumores en esta glándula representan a la persona con quien uno ha estado en batalla emocional constante, ocasionando que las defensas se hayan agotado.

GLÁNDULA TIROIDES. Se encarga de regular la energía en el organismo. Nuestros cambios emocionales están controlados por el equilibrio de esta glándula. Los cambios en nuestras emociones afectarán a este órgano, y viceversa.

HIPERTIROIDISMO. La persona está en competencia constante con los demás, pero reconoce que no hay esperanza de poder cumplir con todo lo que desea. Es una presión insoportable.

HIPOTIROIDISMO. La persona necesita tomar las cosas con calma para reunir la fuerza de expresar sus emociones a los demás.

HIPÓFISIS. Considerada una glándula maestra, ayuda a controlar la función de todas las demás glándulas. Los padecimientos en la hipófisis implican el desafío de delegar el control, la necesidad de crecer mediante la humildad y de abrir el corazón prescindiendo del ego.

GLÁNDULA PINEAL. Considerada el tercer ojo, es el centro del desarrollo de nuestra intuición. Los desafíos de salud en esta glándula nos envían el mensaje de continuar abiertos al mundo multisensorial de la existencia.

PROBLEMAS DE LA NARIZ. La nariz representa el lado del ego que quiere que se le preste atención y reconocimiento. Los problemas comienzan cuando se adopta la actitud de "No puedo creer que esto me haya sucedido a mí". La inspiración de la vida comienza entendiendo claramente que todo sucede por designio divino y que no somos víctimas de las circunstancias.

SINUSITIS Y NARIZ CONGESTIONADA. Acumulación de enojo y negatividad que satura las fosas nasales, en lugar de disiparlos a través de la comprensión y la compasión.

SENOS PARANASALES DESVIADOS. Movimiento para desviar la responsabilidad, pensando que la vida será más fácil de esta manera.

OJOS. Representan nuestra capacidad de ver el mundo tal y como es, así como de mirarnos a nosotros mismos.

ASTIGMATISMO. Implica miedo de mirar a alguien o algo para ver la verdad. Normalmente lo que no queremos es vernos a nosotros mismos, y lo que no quieres ver es en realidad un reflejo de ti. Necesitas confrontarte a ti mismo.

GLAUCOMA. No se puede soportar la presión mental constante sabiendo que ver la vida tal y como es, da por resultado más responsabilidad y más presión.

HIPERMETROPÍA. Considerar más válidas las opiniones de los demás que las propias, pero querer incorporarlas a nuestro esquema como si fueran creación nuestra. La padecen generalmente personas extrovertidas por naturaleza que no quieren mirar al interior, por miedo a lo que vayan a descubrir.

MIOPÍA. Miedo de ver lo que se aproxima en el futuro. Tratar de vivir el día con día, sin ocuparse por las consecuencias futuras. Intenta ver otros puntos de vista, no sólo el tuyo.

INFECCIONES. Enojo e irritación por lo que uno ve en la vida.

VISIÓN BORROSA. No querer ver el mundo o la verdad tal y como es.

CATARATAS. No querer aceptar el envejecimiento o la vida tal y como es, por miedo a lo que el futuro depare.

CÓRNEA (ENFERMEDADES GENERALES). No querer encarar los problemas que uno percibe.

CONJUNTIVITIS. Enojo y preocupación por no querer ver el propio yo por mucho tiempo. Esta situación ya está causándote inflamación.

OÍDOS. Nuestros oídos representan la capacidad que tenemos de escuchar y recibir mensajes de los demás.

SORDERA. Implica que no se desea oír nueva información. Obstinación. Las personas que la padecen tienen una gran tendencia a escuchar su voz interior como compensación.

DOLOR DE OÍDOS. No querer escuchar u obedecer a ninguna autoridad. A causa de la culpa, es una forma de autocastigo.

LABERINTITIS Y VÉRTIGO. No se está seguro de qué dirección seguir, ni se lleva una vida equilibrada.

MASTOIDITIS. Profunda frustración y enojo por lo que uno escucha y sabe que es verdad, pero no le gusta aceptarlo.

CABEZA, PELO Y CUERO CABELLUDO. Representan nuestro control central de la vida y los acontecimientos. El cabello es nuestra antena para el cosmos. El cabello refleja en cierta forma cómo nos sentimos respecto a nuestra sensualidad. Entre más limpio y hermoso lo tengamos mejor está nuestra conexión con el cosmos y la forma como nos sentimos.

CALVICIE. Fuerte necesidad de desarrollar un intenso control mental. Prefieres confiar en tu ego que en tu intuición.

CANAS. Rechazo o miedo a envejecer. Una señal de transición a la madurez y la sabiduría.

CEREBRO. Siendo la computadora de nuestro ser físico, los desafíos en este órgano son reflejo de una mala comunicación y de un sentimiento de miedo a no ser capaces de funcionar como adultos.

DOLOR DE CABEZA. Necesidad de abandonar la obstinación del ego y de escuchar al corazón. Una batalla interior constante en la que la propia persona es su peor crítico y enemigo. La batalla que se libra es en relación con la autoconservación y con escuchar la verdad, a pesar del riesgo de exponerse uno mismo.

MIGRAÑA. Acumulación de más emociones negativas que positivas en la propia percepción. Los muros emocionales de protección son a tal punto gruesos, por temor a sentir dolores emocionales, que el cerebro reconoce la percepción de desequilibrio y envía un fuerte mensaje de amar y abrirse al mundo.

DEPRESIÓN. Como lo describe la etimología de la propia palabra, es "disminuir algo por medio de la presión". Dicho estado emocional está diseñado para ayudar cuando uno se siente abrumado por el miedo y la culpa respecto al futuro. En un estado de depresión, por lo común podemos aislarnos del mundo exterior y hacer un alto en el camino. Mientras que la sociedad considera esto como una enfermedad, la depresión también sirve como un agente de regeneración del propio ser interior.

ENFERMEDAD DE PARKINSON. Implica la pérdida de la confianza en uno mismo. Abundan los miedos intensos por el futuro, y el grito para reclamar el amor y el apoyo de alguien es determinante.

ESCLEROSIS MÚLTIPLE. Ser inflexible consigo mismo y con los demás provoca que el cuerpo cierre completamente sus reacciones a los estímulos, para no sentir nada. El corazón está completamente frío y no existe el deseo de cambiar esta actitud. Detrás de esta frialdad sólo existe miedo a sufrir.

DISTROFIA MUSCULAR. Miedo e inseguridad extremos. Pérdida de la confianza en uno mismo y en quienes nos rodean. Es un fuerte grito para reclamar seguridad a los seres queridos que están cerca.

EPILEPSIA. Sensación de ser perseguido. Fuerte rechazo a la vida como consecuencia de una constante presión externa. Una manera de golpearse a uno mismo.

POLIO. Inmenso deseo de ser el único a quien amen. Ego fuera de control. Una manera egoísta de controlar a causa de los celos y sentimientos de inseguridad hacia los padres.

COMA. Claramente, una persona que quiere escapar del mundo y de todas sus responsabilidades.

PROBLEMAS DE LA PIEL. La piel se considera el tercer riñón, y es la responsable de gran parte de nuestra capacidad de filtración de la negatividad y las toxinas emocionales.

PALMAS Y PIEL SUDOROSAS. Inseguridad y signo de inestabilidad mental.

EXANTEMA O SARPULLIDO Y PIEL IRRITADA. Enojo e irritabilidad hacia alguien que te está provocando esa reacción.

HERPES. Algo está causando un gran enojo en la persona y ésta se siente muy vulnerable sobre su propia individualidad.

ACNÉ. Persona que es emocionalmente muy sensible, pero a quien se le ha enseñado a no expresar esos sentimientos. Baja autoestima.

PIEL SECA, CON COMEZÓN. Falta de emociones en el exterior. La persona quiere reprimir sus sentimientos más hondos, para no ofender a nadie.

MANCHAS O ERUPCIONES EN LA PIEL. La persona se siente fea en su aspecto exterior y no sabe cómo cambiar esa sensación.

ABSCESOS Y AMPOLLAS. Enojo e irritabilidad dirigidos hacia otro, pero sin el deseo de cambiar la situación.

ECCEMA. Cambios emocionales exagerados y mantenimiento del punto de vista antagonista. Pensamientos que te irritan.

EDEMA E HINCHAZÓN. Enojo reprimido que no da muestras de desaparecer. Te aferras a ello con tal de seguir con tus ideas. Inflexible. Usualmente se localiza en la parte corporal asociada con ese enojo y con el mensaje que esa parte envía.

CELULITIS. Sucesos del pasado que causaron heridas emocionales muy profundas y dañaron tu autoestima en el área de las relaciones con el sexo opuesto. La celulitis es un tipo de defensa entre tú y los demás para no volver a sufrir.

1. Escribe a continuación los desafíos de salud que padeces y enseguida, de acuerdo con lo que has leído, anota la interpretación que consideres más adecuada y tres cambios de actitud que tomarás para tratar de enfrentarlos y remediarlos. :

_____

_____

GUÍA PARA LA INSPECCIÓN CORPORAL

Ésta es una técnica que te servirá para leer a una persona de cuerpo completo, es decir, no sólo en cuanto a una enfermedad sino a sus posiciones, la forma como se para, mira, se mueve.

Puedes utilizarla en tu trabajo, con la familia y amigos para entender a las personas que tratas y ser más comprensivo, amoroso. O para entender mejor a un cliente y poder llegar a él a través de sus valores más altos; pero recuerda: esto es para usarlo por el bien de todos, no para aprovecharte del conocimiento.

Practica mucho. Si te interesa profundizar más en el tema, en mi curso "Intuitouch-Sanando a través del regalo de la intuición y el arte del toque intuitivo" hacemos muchas prácticas y profundización.

También te servirá para aplicarla en las enfermedades del diccionario, por ejemplo: según el lado donde esté la enfermedad, puedes saber si la persona que la causó a nivel de percepciones es mujer u hombre; en el caso de un quiste en el ovario derecho, implica que una persona del sexo masculino o una mujer, pero con energía muy masculina, provocó el enojo, frustración o dolor.

El cuerpo se divide, por un corte sagital, en derecho e izquierdo. El lado izquierdo representa el área del amor, las emociones, sentimientos y relaciones íntimas. También representa el lado femenino, la receptividad. El lado derecho representa el área de la vida conectada con las decisiones analíticas, financieras, la lógica y el camino vocacional. Es el lado masculino y el dar. En la cabeza, por cuestiones de polaridad, estos conceptos se aplican al contrario: el derecho es lo emocional y femenino; el izquierdo, la parte lógica y masculina.

El corte coronal divide al cuerpo en anterior y posterior. La parte posterior del cuerpo representa el tiempo pasado, y la parte anterior, el futuro.

Para llegar a una conclusión de los mensajes debes relacionar todos los elementos. Con la práctica aprenderás a interpretar los síntomas como elementos poderosos y no te olvides... tu intuición es la mejor guía, particularmente cuando la utilizas en combinación con la información que has aprendido a nivel intelectual.

MIRANDO DE FRENTE A LA PERSONA

CABEZA
Inclinada a la derecha: Indica que la persona evita retos emocionales en el área del corazón o... se mueve en asuntos importantes respecto a los negocios, lógica, vocacionales, financieros, etcétera.
Inclinada a la izquierda: Lo contrario de la anterior.
Inclinada hacia abajo: Depresión, tristeza, negatividad, pesimismo.
Inclinada hacia arriba: Optimismo, positividad, espiritualidad.

HOMBROS
Izquierdo más arriba: Indica que la persona está guardando las emociones relacionadas con la responsabilidad y la culpabilidad en el área del amor y los sentimientos.
Derecho más arriba: Está guardando las emociones relacionadas con dinero, negocios, toma de decisiones, etcétera.
Izquierdo más abajo: Victimizada por un suceso relativo al amor y los sentimientos.
Derecho más abajo: Victimizada por un suceso relativo al dinero, negocios, decisiones o carrera.
Izquierdo más atrás: Indica que está protegiendo sus emociones respecto al amor o a los sentimientos.
Derecho más atrás: La persona está protegiendo sus emociones respecto al dinero, negocios, decisiones o carrera.

ABDOMEN
Sobrepeso: Especialmente en esa área, indica la protección emocional a través del plexo solar (tercer *chakra*).

CADERAS
La derecha más alta que la izquierda o viceversa: Significa una torcedura; indica que había o hay retos en el área familiar (primer *chakra*).

PIES
Angulados hacia afuera, pies de pato: Significa que la persona está abierta al cambio.
Angulados hacia dentro: Cerrada al cambio.

MIRANDO DE ESPALDA A LA PERSONA

CABEZA
Confirma lo mismo que al mirarla de frente respecto a la cabeza inclinada hacia un lado u otro.
Cabeza y cuello adelante del cuerpo: Una persona muy impulsiva, impaciente y competente, pero que no usa tanto la lógica en las decisiones.

HOMBROS
Confirma lo mismo que al mirarla de frente respecto a la inclinación hacia un lado u otro.
Los dos hombros hacia adelante causando una joroba en la espalda: Indica que la persona está cargando el peso del mundo en los hombros y protegiendo al corazón.

CADERAS
Confirma lo mismo que al mirarla de frente respecto a una cadera más alta que la otra.

Curvatura acentuada de la cintura: Indica que es una persona impulsiva que quiere siempre estar delante de los demás y mantener la posición dominante en la vida.

Curvatura plana de la cintura: Indica que es una persona muy cuidadosa, conservadora y no le gusta tomar muchos riesgos en la vida.

PIES

Confirma lo mismo que al mirarla de frente respecto a las posiciones de los pies.

Pie plano: Significa que la persona no está recibiendo el apoyo de la familia (su percepción).

MIRANDO DE LADO A LA PERSONA

CABEZA Y CUELLO

La cabeza y el cuello delante de los hombros: Indica que la persona es muy impulsiva, impaciente y competente.

El cuello recto: Indica que la persona es muy conservadora.

Cuando el cuello y la cabeza están balanceados: Indica que la persona también está balanceada.

JOROBA

Indica que la persona está "cargando el peso del mundo encima de los hombros". Exceso de responsabilidades y miedo al futuro, o culpabilidades del pasado.

EJERCICIO 1

Relájate frente a un espejo de cuerpo entero. Con los ojos cerrados gira lenta y completamente. Cuando estés enfrente del espejo otra vez, abre los ojos y relajado, mira tu postura. ¿La cabeza está inclinada hacia un lado? ¿Un hombro más alto que el otro? ¿Un brazo está más adelante del cuerpo que el otro? ¿Una cadera parece que está más alta o delante de la otra? ¿En qué dirección están los pies? Utiliza tu Guía para la inspección corporal y conéctate con los mensajes. Escribe lo que encontraste en cada parte de tu cuerpo y cuál es la conclusión a la que llegas a partir de lo que tu cuerpo está diciéndote.

_____

_____

_____

_____

_____

_____

_____

_____

_____

_____

_____

_____

_____

_____

_____

_____

_____

_____

EJERCICIO 2

El poder del 7

Escribe diariamente una lista de 7 razones por las que estás agradecido, deben ser diferentes cada día. Espero que no pienses que no hay tantas, busca verdaderamente y encuéntralas. Prueba esto por 7 días y verás cómo empiezas a sentir la diferencia de vivir en gratitud. Las áreas para ayudarte a buscar son: familiar, social, física, financiera, mental, espiritual y vocacional.

"La gratitud te eleva, la ingratitud te aplasta"

Los mensajes poderosos del Universo

¿COINCIDENCIAS O DIOSIDENCIAS?

Esta sección te ayudará a entender los sucesos que ocurren en tu vida que parecen ser *pura coincidencia*. En realidad están dándonos la oportunidad de mirar y escuchar los mensajes que pueden guiarnos en nuestras decisiones, la dirección de nuestra vida y el camino hacia nuestra misión. Quiero compartir una técnica para descubrir los mensajes escondidos que ocurren cada día en nuestras vidas.

Abre tu mente y tu corazón a la posibilidad de que Dios está trabajando en nuestras vidas a cada instante y está enviándonos mensajes para ayudarnos y guiarnos en todo momento.

Hazte las siguientes preguntas:

¿Qué significó que el pájaro se estrellara contra mi parabrisas?

¿Por qué llovió exactamente encima de nosotros cuando el cielo estaba tan claro?

¿Cómo se rompió la silla exactamente segundos antes de que me sentara en ella?

¿Por qué siento como que este grupo de palomas está volando muchas veces enfrente de mí?

¿Por qué mi coche no quiso arrancar justo antes de una entrevista de trabajo?

¿Por qué un coche me chocó atrás cuando estaba pensando si terminaba una relación amorosa?

Estos sucesos y muchos más ocurren a diario, sólo que no les prestamos atención; además, realmente tenemos muy poco control sobre ellos, pero lo que sí poseemos es el control sobre cómo vamos a interpretarlos.

Tu realidad varía dependiendo tu interpretación. ¿Cómo es posible que los árabes y los judíos... los nazis y los estadounidenses... los cristianos y los fieles a otras religiones digan que están peleando una guerra en nombre de Dios? Ya ves cómo todo depende de la interpretación de cada quien. Todos dicen que tienen a Dios de su lado.

Si eliges creer que el pájaro que se estrelló en tu parabrisas significa algo más allá de lo obvio, empieza a cuestionarte y descubrirás algunas respuestas increíbles.

El pájaro puede representar tu señal de libertad. El parabrisas, tu futuro. La dirección de tu coche en ese momento puede representar la dirección de tu vida ahora o la dirección hacia donde quieres ir.

Si estás tomando decisiones en este momento, los mensajes pueden representar *cuidado con el camino que estás tomando, tu libertad puede verse truncada.*

¿Estos mensajes son señales de Dios?, ¿de tu subconsciente? ¿En realidad hay una diferencia entre ambos?

Nada pasa sorpresivamente cuando estás alerta a las señales y sucesos que ocurren en tu vida. Manteniendo una posición de alerta puedes estar listo para tomar decisiones y hacer cambios sin que te tomen por sorpresa. Entre más atento estés, más presente estarás en cada momento y más confianza tendrás en tu habilidad para interpretar los sucesos cuando ocurren. No puedes anticipar los eventos, pero entre más practiques estar siempre alerta y consciente de cada uno de ellos, te será más fácil darle dirección a tu camino y saber leer instantáneamente los mensajes de ayuda y advertencia. Cuando las nubes y los truenos son señales del mal clima que se acerca, puedes poner en práctica la interpretación de cómo se mueven las nubes o de qué estabas pensando, porque pareciera que el cielo está molesto. Todo depende de lo que esté sucediendo en tu vida. Puedes ignorar las señales y simplemente vivir con las consecuencias de tu ignorancia, o puedes elegir hacer algo respecto a tus interpretaciones. Estas decisiones pueden beneficiarte por el momento, pero también pueden darle un nuevo sentido al resto de tus días.

El método para interpretar las señales es el mismo que uso en mi curso "El desarrollo de la intuición para la salud, el éxito y el amor" y en "Mensajes poderosos".

Primero revisa todos los datos acumulados durante tu observación del evento. Trata de recordar todos los fragmentos de la información que recibiste. Por ejemplo... "El pájaro chocó directamente en mi parabrisas. ¿A dónde me dirigía? ¿Al trabajo? ¿Amo lo que estoy haciendo? ¿Me siento libre? ¿Estoy cumpliendo la misión a la que realmente quiero dedicar a mi vida? ¿Iba a ver a mi pareja? ¿Acaso no me siento libre con él o ella?, ¿me siento asfixiado?, ¿me controla demasiado?"

El segundo paso es confrontar cada fragmento del evento a través de tu interpretación personal. Aquí podrás acumular cada uno de los fragmentos de un mensaje y aplicarlo a tu vida y a tu situación personal. Si usamos el ejemplo del pájaro chocando contra el parabrisas, el mensaje podría estar interpretado como una advertencia mayor respecto al camino que estás tomando. Tu libertad podría estar limitada si tú decides ir en esta dirección.

Te preguntarás: "¿Cómo es posible saber (el autor) que ése es el mensaje?" Primeramente, la verdad es ¡que no lo sé! No estoy en la situación de la persona que tuvo esta experiencia. Pero, si ésta era mi situación, yo tengo dos opciones:

1. Ignorar las señales y decidir que el evento es pura coincidencia... o

2. Actuar, revisar mis planes y mi proceso de tomar decisiones. Puedo preguntarme: ¿Por qué tomé esta decisión desde el principio? ¿Por soberbia?, ¿por amor?, ¿por temor? Uno nunca se puede mentir a sí mismo, porque sabe que se está mintiendo. Entonces... si ésta fuese mi situación, tengo una gran oportunidad de revisar mi proceso de tomar decisiones y concluir que mis razones están influidas por miedos o por mi corazón sincero. ¿Puedes ver cómo esta técnica se aplica en tu vida?

El lenguaje de Dios es el silencio, pero él tiene maneras muy creativas de comunicarse con nosotros por medio de infinidad de cosas. Escúchalo y obedece si es lo que te dicta tu intuición, verás que la vida puede ser mucho más sencilla con esta ayuda extra.

EJERCICIOS

Preguntas para descubrir los mensajes

Las siguientes preguntas te ayudarán a descubrir e interpretar los mensajes que tu cuerpo te está enviando.

1. ¿Cuál es el nombre del desafío de salud que padezco?

_____

_____

_____

2. ¿Qué parte de mi cuerpo está afectada y en cuál *chakra*, sistema y órgano del cuerpo se encuentra?

_____

_____

_____

3. ¿En qué lado del cuerpo está el problema o se encuentra en un nivel general afectando ambos lados?

_____

_____

_____

_____

4. ¿Cuál es el funcionamiento de este órgano, parte o sistema del cuerpo?

_____

_____

_____

5. ¿Cuál es la función que está bloqueada o limitada ahora?

_____

_____

_____

6. Analiza en qué momento de tu vida surgió la enfermedad o accidente. ¿Dónde estaban mis pensamientos en aquél momento, o dónde estuve mental y emocionalmente cuando ocurrió? ¿Cuáles eran los problemas que tenía y con quién?

_____

_____

_____

_____

7. ¿Cómo cambió mi vida con este desafío de salud?

_____

_____

_____

8. ¿Cuál es la lección que estoy recibiendo mediante este reto o situación? ¿Qué beneficios he obtenido?

_____

_____

_____

9. Si hay cosas externas involucradas en la situación, accidente o enfermedad, como ventanas, animales, piedras, vehículos, etcétera, ¿qué significado les das en estos sucesos?

_____

_____

_____

10. ¿Qué cambiaría en tu vida y qué lecciones no hubieras recibido si esta enfermedad o accidente no hubiese aparecido en tu vida?

_____

_____

_____

11. ¿Cuáles son tus tres valores más altos en la vida? Sé honesto, no escribas lo que es socialmente aceptado, sino tres cosas donde en este momento inviertes tu tiempo, dinero y amor. Si haces mu-

cho ejercicio es tu cuerpo, si trabajas mucho es estabilidad financiera, si estás buscando formas de estar con la familia o en fiestas
para conocer una pareja, pues es familia o amor.

_____

_____

_____

12. ¿Cómo esta situación, enfermedad o accidente ha apoyado
tus valores más altos?

_____

_____

_____

13. ¿Cuál es mi mensaje particular cuando pongo todas las respuestas juntas respecto a mi misión en la vida? ¿Qué entendí?
¿Para qué me sirvió? ¿Puedo ver la perfección de todo lo que me
pasa? ¿Ahora puedo estar agradecido?

_____

_____

_____

_____

_____

_____

_____

EJEMPLOS DE RESPUESTAS

EJEMPLO 1. Un accidente automovilístico en el que alguien te chocó por detrás causándote dolor en el cuello y limitando tus movimientos para girar a la izquierda, así como daño para doblar la rodilla izquierda, podríamos interpretarlo así:

→ (PREGUNTA 1). **Un choque de coche** por atrás significa que un empujón (de atrás) era necesario en tu camino de la vida (el coche es tu vehículo de avance).
→ (PREGUNTA 2). **El cuello** es el quinto chakra y la parte es la garganta; puede implicar **tiroides** y **timo**. Y la **rodilla**, que es el primer chakra, articulación y ligamentos.
→ (PREGUNTA 3). Lado izquierdo que representa el lado de los sentimientos, el corazón, amor y relaciones íntimas.
→ (Pregunta 4). **El cuello** me da la flexibilidad para voltear y ver ambos lados de mi persona. **La garganta** es mi expresión. El **timo** y **la tiroides** se relacionan con la sensación de que no se te escucha o respeta, falta de control en tus emociones. La **rodilla** es la flexibilidad para dar pasos hacia adelante.
→ (PREGUNTA 5). No puedo voltear hacia el lado izquierdo y me duele mucho al flexionar la rodilla.
→ (PREGUNTA 6). Iba a visitar a mi novio, pensando si debía terminar la relación, porque realmente no soy feliz, siento que me controla mucho, que no me escucha, que no me tiene confianza y que no es el hombre para mí, pero tengo miedo porque llevamos mucho tiempo, estoy muy acostumbrada a nuestra relación y qué tal si no encuentro otro hombre; además, no sé como decirle que ya no quiero estar con él. La lección es que necesitas más flexibilidad en el área del amor.
→ (PREGUNTA 7). Tuve que detener mi vida por un tiempo, ya que no pude manejar ni moverme por un par de semanas, y no me quedó de otra más que pensar y pensar.

→ (PREGUNTA 8). Me sirvió para valorar mi vida, darme cuenta que en un segundo puedo ya no estar aquí y no tengo tiempo qué perder si ya no soy feliz. Voy a pensar más en mí y en mis necesidades; aunque tenga miedo de tomar caminos diferentes, debo ser valiente. La honestidad es básica para sentirte libre y también ayudas a los demás.

→ (PREGUNTA 9). El coche, y que cuando me chocaron, el auto se fue hacia el lado izquierdo. Si el auto es mi vehículo, quiere decir que necesitaba cierto empuje para tomar una decisión respecto a lo que venía pensando y relacionada con el lugar a donde me dirigía. Además, en relación con el lado emocional o del amor, ya que el golpe lo hizo moverse hacia la izquierda.

→ (PREGUNTA 10). Si no hubiera chocado seguramente seguiría con mi novio, resentida, perdiendo el tiempo y haciéndoselo perder a él también.

→ (PREGUNTA 11). En este momento pongo mi tiempo, dinero y amor en mi cuerpo físico (autoestima), trabajo mucho (estabilidad financiera), tomo cursos y leo bastante sobre el espíritu y la energía (espiritualidad o crecimiento personal).

→ (PREGUNTA 12). El hecho de chocar apoyó mi desarrollo personal porque tuve tiempo de leer y pensar por qué me pasan estas cosas; además, el hecho de haber decidido terminar con esta persona me hizo sentir fuerte y valiente, eso elevó mi autoestima y ahora sé que no debo aguantar una situación que no quiero, y debo expresar lo que siento porque valgo mucho. También me apoyó con respecto a mi situación financiera, porque ahora puedo dedicarme más a desarrollar proyectos que nunca tenía tiempo de hacer.

→ (PREGUNTA 13). Que un evento "malo" como un choque, que me dolió, me hizo gastar dinero y me asustó, en verdad fue un suceso maravilloso en mi vida, necesitaba ese empujón para tomar decisiones. Apoyó mis valores más altos y crecí mucho en mi autoestima. La tortícolis fue para indicarme que había cosas en mi lado emocional que yo no quería ver por miedo a los cambios y no quería expresar mis sentimientos por no hacerle daño a mi ex pareja y a mí.

El hecho de lastimarme la rodilla significó que debo ser flexible en la toma de decisiones para poder avanzar, en lugar de quedarme con las viejas ideas y miedos, en la seguridad de lo incómodo. Si hubiera prestado atención a mis sentimientos antes, quizá no hubiera sido necesario recibir este mensaje. La próxima vez estaré más pendiente y escucharé mi voz interior.

EJEMPLO 2. Tumor en el pecho derecho

→ (PREGUNTA 1). **Tumor en el pecho.** Crecimiento o abultamiento por alteración de células.

→ (PREGUNTA 2). **El pecho, cuarto chakra. El corazón.**

→ (PREGUNTA 3). **Lado derecho. Masculino. Lógico, vocación, finanzas.**

→ (PREGUNTA 4). El pecho es parte de la protección del corazón, sirve también para nutrir a los hijos, crear alimento y forma parte de la estética del cuerpo.

→ (PREGUNTA 5). Todo mi sistema inmununológico, mi sangre, mis glándulas, mi sistema nervioso, en fin, todo está en caos.

→ (PREGUNTA 6). No recuerdo bien qué estaba pasando, pero leyendo lo que significa le enfermedad comienzo a comprender que tiene algo que ver con el hecho de que siempre me sentí abandonada por mi padre. Él tenía otra casa con otra familia y me hizo mucha falta, además me culpé a mí misma por mucho tiempo. Siempre he sentido tristeza profunda por este hecho.

→ (PREGUNTA 7). Completamente, he ido de peor en peor, tengo miedo, me siento triste todo el tiempo, no tengo ganas de vivir, me siento mal porque mi familia está preocupada y han cambiado sus vidas para atenderme y estar al pendiente de mí. Tuve que renunciar a mi trabajo porque me siento muy mal.

→ (PREGUNTA 8). Creo que tengo que entender que Dios no comete errores y el hecho de que mi papá no estuviera fue perfecto, no puedo comprender muy bien por qué, pero lo estoy intentando y teniendo paciencia. Quizá el hecho de que él no estuviera me acercó más a mi mamá, me hizo más solitaria, más tranquila, y por eso me casé joven con una gran persona. Tuve a mis hijos joven y he tenido la oportunidad de verlos crecer y ser triunfadores y maravillosos, hasta tengo nietos. También el hecho de no tener papá me hizo esforzarme mucho en los estudios para encontrar un buen trabajo y me hice muy responsable, útil. Gané mucho dinero y por eso ahorita no me siento presionada por ese aspecto, sé que de cierta forma he contribuido mucho a este hogar.

Desde que me enfermé, mis hijos y mi pareja están más pendientes de mí; en vez de sentirme culpable comenzaré a disfrutar, creo que lo merezco, merezco todo el amor y atenciones porque he sido una buena madre, esposa, hija y amiga. Creo que esto me está enseñando a dejar la culpa, los odios y resentimientos a un lado. No tiene caso. Si me muero prefiero irme feliz y sin culpas.

→ (Pregunta 9). No hay.

→ (Pregunta 10). Ahora comprendo que muchísimas, no hubiera sido quien soy, en todo el sentido de la palabra. Si hubiera tenido un padre quizá hubiera sido una niña consentida y fiestera como mis demás amigas, no hubiera tenido responsabilidades, no hubiera tenido una relación tan maravillosa con mi madre, la cuidé y la amé porque yo era el hombre de la casa. Gracias a mi padre sé que he sido una gran madre porque he deseado que mis hijos no sufran lo que yo pasé, y lo he logrado. Mi familia ha sido lo más importante gracias a que yo no la tuve. Quién sabe cómo hubiera sido, pero sí sé que como fue, fue perfecto, mi padre tuvo su propia vida y lecciones para actuar como lo hizo. Sin este hermoso tumor no hubiera tenido que renunciar al trabajo, detener todo en mi vida para reevaluar la situación y nunca hubiera encontrado todas estas bendiciones de lo que consideré lo peor que me había pasado.

→ (Pregunta 11). Mis valores más altos son la familia, porque yo no tuve una y es ahí donde pongo todo mi tiempo y amor, la salud y la autoestima, y por último mi conexión con Dios.

→ (Pregunta 12). Esta enfermedad ha estimulado mis valores más altos porque gracias a ella mi familia está más unida que nunca, mi autoestima está subiendo gracias al amor que merezco y a los cuidados que ahora tengo con mi alimentación, ejercicio, salud mental. Y mi conexión con Dios es más fuerte cada día, hablo con él a diario y no dejo de agradecerle y pedirle que guíe mi camino cada segundo.

→ (Pregunta 13). ¡Cuántos mensajes poderosos! Puedo decir que esta enfermedad ha sido el mejor de los regalos, ahora estoy libre de resentimientos y odios, ahora estoy llena de gratitud hacia mi padre. Gracias papi, gracias por enseñarme a tu modo tantas maravillas, soy quien soy gracias a ti. Gracias a la hermosa madre que Dios me dio, creo que me la dio doblemente buena para llenar tu espacio. Gracias a mí porque he tenido la fuerza de salir adelante y hoy me siento fuerte y llena de amor. Sé que este tumor está ahí porque encapsulé el dolor de sentirme poco amada y abandonada, pero ahora que he recibido el mensaje ya puede desparecer porque estoy llenando de amor ese espacio donde está, estoy lista para dejarlo ir, estoy llena de gratitud y deseos de vivir.

Mensajes de los animales

La creencia en los mensajes de los animales data desde la época de los "hombres en las cavernas" (prehistórica). Desde los jeroglíficos pintados en las paredes de las cuevas, los mensajes sagrados siempre han estado con nosotros. Las sociedades más antiguas como los mayas, los incas o los aztecas nos han legado una gran sabiduría respecto a los animales.

Los animales que menciono a continuación contienen una interpretación breve de las posibles señales que podrían manifestar si tú eliges escucharlas. Asimismo, debes auxiliarte analizando: "¿qué estaba pensando cuando sucedió el evento? ¿Cuáles son las características de este animal, planta o evento que lo hacen tan especial?" Después puedes deducir un mensaje y aplicarlo a tu vida de una manera muy particular. El mundo está lleno de mensajes para aquéllos que están alerta y buscando información para guiar sus vidas. Con la práctica, tu habilidad para encontrar respuestas en los mensajes será tan común como cepillarte los dientes.

Para considerar que un animal es un mensaje para ti, su aparición debe llamar tu atención, debe ser de una forma donde te quedes pensando "¿cómo apareció aquí? Es casi imposible". O aparecer frente a ti de forma que no puedes dejar de verlo, bloquear tu camino, morderte o picarte, ¿me explico?

ABEJA. Creadora de la dulzura de la vida. Muy leal y protectora. Si alguien la provoca, tiene la habilidad de defenderse, pero es pacífica y entregada a su misión. Territorial. **Indica:** ¿Estás medio amargado últimamente? Busca la diversión en lo que haces. Manifiesta la paz interior en la que te desenvuelves pero marca tu territorio y deja bien claro que estás listo para defenderte.

Si te pica una abeja, significa un llamado de atención fuerte relacionado con perder, no valorar o no darte cuenta de la dulzura de la vida. Puede ser en el área sentimental, de trabajo, amistad, o cualquier cosa que te cause felicidad, paz o estabilidad

ÁGUILA. Visión clara, soledad, libertad. Cuando estamos solos y libres es más fácil mirar hacia adentro. El águila sube a lo alto de la paradoja para ver las situaciones más claras. Puede aislarse del problema para buscar la solución objetivamente, realiza un agarre muy fuerte y tiene liderazgo. **Indica:** quizá sea momento de aislarte un poco, viajar dentro de ti para desapegarte de emociones y ver las cosas claras. Las decisiones se toman con la intuición y la cabeza, no con las emociones que no te dejan ver claro.

ARAÑA. Cuando aparece una araña, hay que saber que es una señal. Éstas generalmente construyen su telaraña y esperan pacientemente por su comida. Ocho patas, telaraña pegajosa en la que sólo ella sabe por dónde no lo está. **Indica:** es una señal de que necesitas tener paciencia, existen varias rutas alternativas pero sólo una ruta correcta. Lo pegajosa (bochornosa) es señal de lo que puede ser la vida si no te cuidas y pones atención por dónde caminas; puedes salirte momentáneamente del camino –claro, ya sabemos que todo es el camino– pero podrías evitar contratiempos si tienes paciencia hasta estar seguro de la mejor opción para ti.

ARDILLA. Sociable, simpática. Puede tener muchos nidos ya que la familia es muy importante. Su cola le sirve de gran apoyo. Se queda en un solo lugar durante los meses de invierno y extiende su esfera de influencia en los meses de verano. **Indica:** sé previsor, guarda tus tesoros para los días de emergencia. ¿Estás planeando un viaje para visitar a tu familia? Checa bien el tiempo del año antes de salir lejos. Si estás pasando por tiempos difíciles apóyate en alguien, familia, amigos etcétera, no trates de sobrellevar las cosas tú solo. También puede indicar que debes considerar que el hogar está donde te sientes feliz, no anheles el tiempo pasado y mejor crea un mejor tiempo presente.

BALLENA. Mundo del agua, barbas para filtrar el alimento, en cada inspiración renueva hasta 90% del aire. Puede llegar a grandes profundidades. Oído desarrollado. Migrante. Protección de la familia. **Indica:** quizá estás en un momento difícil y ahogándote en tus emociones; relájate, respira profundo para renovar la inspiración o misión de tu vida, de esta forma podrás llegar hasta a tus entrañas, moverte con agilidad por el mundo de las emociones, poner atención en tu intuición y desplazarte a un lugar donde estés más cómodo, feliz y utilizando tus dones.

Búho. Sabiduría, ve mejor de noche, conexiones con el mundo terrenal y el mundo espiritual. **Indica:** dentro de ti está la sabiduría que necesitas en este momento de obscuridad. Confía en que el mundo espiritual está apoyándote y guiándote.

Caballo. Estampa de seguridad. Poderoso y rápido. Rebelde. Tiene mucho orgullo y se puede transportar a donde quiera sin problemas. **Indica:** libertad anhelada. ¿Llevas una vida desbocada? Quizá sea tiempo de tranquilizarte y establecerte. ¿Te sientes atorado, atrapado? Quizá debes tomar una decisión ahora mismo respecto a la libertad de tu espíritu. La rebeldía se lleva en el espíritu, en la libertad del alma, pero eso no implica que no puedas llevar una hermosa vida estable y responsable.

Cara de niño. En un año es adulto. Se esconde en lo más profundo. Canta de noche. **Indica:** saca tu niño interior, sobre todo en los momentos de más obscuridad. Escucha tu corazón. No permitas que tu intelecto controle tu intuición y corazón. Diviértete. Vive ¿Estás permitiendo a tu niño interior salir? La vida se pasa muy rápido, disfrútala.

Camello. Sobreviviente, tenaz, aguantador, incansable, siempre atento, casi no necesita agua. **Indica:** ¿estás preparado para los tiempos difíciles? Quizá vendrá una época de aguantar, y sobrevivir. Prevé y prepárate. ¿Estás muy emocional? Controla tus emociones para poder tomar decisiones desde tu sabiduría interior y no desde tus emociones.

Catarina. Proceso de vida: huevo, pupa, larva, catarina. Cuando aparece, llega con suerte y un mensaje de amor o abundancia. Es depredadora de insectos que dañan las plantas. **Indica:** como ayuda en la polinización, se cree que es señal de embarazo. Buenas noticias. Puede ser momento de revisar tus ideas y sentimientos, y desechar las que ya no te sirven debido a tu crecimiento y sabiduría actuales. Transformación.

CIEMPIÉS. Muchos pies para seguir adelante. Rápido, cazador poderoso. Cuando ataca deja la mitad de su cuerpo y se vuelve a formar. **Indica:** tienes mucho poder para avanzar en este momento, fuerza y rapidez, pero debes desprenderte del pasado y lo que te ata a él para poder reinventarte con más sabiduría y avanzar.

COLIBRÍ. Es el único pájaro que puede volar hacia atrás y que puede suspenderse en el aire como un helicóptero. Necesita de mucha energía para todo el día porque nunca para. Siempre está buscando la dulzura de la vida, el néctar de la vida. **Indica:** en tu búsqueda del amor y la alegría, no tengas miedo de regresar al pasado, buscar en lo más profundo aunque duela para poder avanzar hacia la libertad completa. Si te has sentido exhausto, quizá estás sobrecargado y necesitas delegar para poder hacer lo que amas hacer.

CÓNDOR. Excelente visión, longevidad. Vuela muy alto. Vive en lugares inaccesibles. Mudo. Cuando ve a la presa muerta la vigila por dos días y luego se acerca. Símbolo de inmortalidad, renacimiento, inteligencia, fuerza. **Indica:** en este momento debes aislarte dentro de ti mismo para pensar, encontrar tus respuestas y tomar decisiones desde un gran nivel de sabiduría. Hacer comunión con tu espíritu para poder renacer en tu misión.

CONEJO. Fertilidad. Astuto. Rápido. Puede hacer cambios bruscos de dirección. Cambia su camino con mucha rapidez. **Indica:** en un ambiente fértil puede nacer cualquier cosa, ¿qué quieres? Es momento de crearlo. Usa tu creatividad, rapidez, y no tengas miedo de cambiar totalmente de dirección. Señal de acción.

CUCARACHAS. Comen la basura y cualquier cosa con tal de sobre-vivir. Trabajan de noche. Ciegas pero con antenas que las guían. Resistentes. **Indica:** Aprender humildad. ¿Estás ignorando las cosas chiquitas que pueden ayudarte a mejorar: consejos de personas que consideras menos que tú, un trabajo de menos rango de lo que esperabas, un proyecto que no es el que querías? A veces hay que aprender a sentar las bases para crear una gran construcción. ¿Estás discutiendo sólo por defender tu ego? A veces perder es ganar, y ganar es perder. Sigue tu intuición aunque tu intelecto te indique lo contrario. Ve con el corazón, no con los ojos.

DELFÍN. Inteligencia, amor, capacidad para sanar a otros. Mundo del agua. Oído desarrollado. Protección. Tiene la capacidad asustar a los enemigos más fuertes y más peligrosos con su actitud y poder. Confiado. **Indica:** quizá necesitas apapacho; búscalo, pídelo, sana tu alma. También puede ser que tienes el don de la sanación y es un mensaje para que comiences a confiar y a desarrollarlo. Tienes el poder del amor de tu lado, no te preocupes.

ESCORPIÓN. Se esconde en huecos profundos. Su mordida es fuerte y peligrosa. **Indica:** hay que estar alerta a los viejos miedos que pueden aparecer y sorprenderte si no estás preparado. ¿Qué hay en la obscuridad de tu alma que te da tanto miedo? ¿Qué escondes? Confronta las mentiras, lo escondido. Es tiempo de expresar tu verdad (si estás con alguien puede implicar que la otra persona está escondiendo algo).

GATO. Independiente, de pensamientos libres, con actitud de soberbia, limpieza, balance y confianza. El gato siempre tiene la capacidad de aterrizar sobre sus patas, sin importar las caídas y vueltas que experimente. **Indica:** busca la independencia, deja de ser la víctima y demuéstrate la fuerza interna y tu inteligencia. Puede significar que estás siendo muy soberbio en alguna situación, controla tu ego, se más humilde. También puede significar traición de amigos o gente cercana, todo depende del momento en el que te encuentres.

GRILLOS. Viven dentro de la tierra. Territoriales. El macho canta para atraer a la hembra y aparearse. **Indica:** encuentra la luz de la vida en tu tiempo más oscuro. Céntrate en lo que eres bueno y deja que los demás resuelvan lo que no es para ti. ¿Estás listo para el amor? Canta, disfruta, ríe, sé feliz y llegará.

HORMIGAS. Son trabajadoras impresionantes. Ellas pueden cargar diez veces más que su peso. Les gusta la rutina y son muy previsoras. Organizadas. **Indica:** quizá te estás quejando o crees que no puedes con tanto trabajo pero éste es un mensaje de que aún puedes con más, sólo necesitas organizarte y delegar para poder hacer las cosas que son importantes y amas hacer. ¿Estás preparado para los tiempos difíciles? Prevé y ahorra.

JAGUAR. Paciencia, ataque fuerte y preciso en el tiempo de la oportunidad. **Indica:** cuando llega la oportunidad, ¡no esperes! No vaciles, toma tu decisión y actúa.

LAGARTIJA. Ancestral, gran escaladora. Reptil con mucha adaptabilidad. Para defenderse se desprende de su cola a fin de distraer al enemigo o se queda inmóvil, como muerta. Muy activa. **Indica:** es momento de utilizar tus artimañas para obtener lo que deseas, quizá debas permanecer quieto, observando y estudiando la situación. En una guerra, si bajas tus armas el enemigo no tardará mucho en bajar las suyas. Mimetízate y adáptate.

LIBÉLULA. Muy ligera. Parece agresiva y peligrosa pero es totalmente lo opuesto. Mantiene su mito del dragón y representa una vida de fantasía. Trata de aterrizar y ver la realidad de las cosas. **Indica:** no importa qué esté sucediendo en la vida, recuerda que eso también pasará, pronto será pasado y no te preocupará más; entonces, para qué preocuparte tanto ahora, relájate y busca una solución con calma e inteligencia. Ve las cosas desde la realidad, no las hagas más grandes de lo que parecen. Busca el equilibrio. Conecta con la magia de tu ser interior, quizá escuchas algunas respuestas.

LOBO. Le gusta la soledad, pero para grandes cacerías le gusta estar en grupo. Ágil, estratega. **Indica:** algo está pasando en tu vida o tienes planes inmediatos donde necesitarás confiar en tus capacidades para tener éxito. Apóyate en el grupo, delega las cosas menos importantes para que puedas estar creando desde los pilares importantes.

MARIPOSA. En la transición de gusano a mariposa, deja su vieja vida que era muy conservadora y segura para ganar los beneficios de renacer a una nueva, con la capacidad de volar con belleza y ligereza. Su prioridad es la reproducción. **Indica:** para poder volar y reinventarte debes decirle adiós a todo lo malo, viejo, anticuado y que ya no te sirve, con gratitud y amor pero definitivamente, sólo entonces podrás renacer como el ave fénix. ¿Estás creando algo nuevo? Hazlo, quizá un poema, una canción, un libro, amor, un bebé. El punto es que crees algo a través de ti. Una expresión de quien eres.

MURCIÉLAGO. Es nocturno, usa sus otros sentidos aparte de la vista y el radar para guiar su vuelo en este mundo. Se mueve rápido y le gusta estar en lugares apartados, oscuros y seguros. Sistema de ecolocación (emisión de sonidos de alta frecuencia). Puede sobrevivir a temperaturas extremadamente bajas por muchos meses. **Indica:** es momento de indagar en la obscuridad de tu ser quién eres y qué quieres en realidad; tienes el don de la intuición y muchos otros, úsalos para descubrir tu misión (luz) y contribuir al mundo. Por otra parte, si has estado tratando de no sentir por miedo a sufrir, te aviso que te estás perdiendo lo mejor de la vida; arriésgate, vale la pena descongelar el corazón para llenarlo de amor.

ORUGA. Respira por el cuerpo, no ve bien, se guía por antenas y vibraciones, tiene grandes mandíbulas. Se convierte en mariposa. **Indica:** en tiempos de oscuridad no te olvides de mirar las cosas buenas de la vida, escucha tu intuición y tu corazón. Cuida que lo que salga de tu boca sea para ayudar y amar, no para destruir, y cuando estés listo para tu transformación y crecimiento, despégate de ideas antiguas, ego, miedos, todo lo que sea la vida anterior. Para volar, tenemos que aceptar que el pasado ya quedó atrás.

OSO. Poderoso, provocativo. Se puede parar en dos patas y con ello demostrar un gran poder. Sabe conservar su energía y es paciente. **Indica:** es momento de parar un poco, analizar la situación que te está afectando y recuperar el amor propio. Enfócate en tus habilidades, encuentra en qué eres bueno para que te sientas útil, seguro y poderoso. Eres un ser especial, sólo falta que lo creas tú. Cuando estés listo vuelve al ataque.

PÁJAROS CANTORES. Cantando marcan su territorio, comunican sus necesidades e instrucciones, sincronizar al grupo. Mensajeros de alegría. **Indica:** expresa lo que sientes y puedes defender tus ideas de una forma pacífica y amorosa. Tienes el don de la palabra para calmar, agrupar y realizar beneficios al mundo. Señal de buenos tiempos.

PERICO. Comunicador poderoso. Extroversión. Magnetismo. Para ser aceptado por su pareja, el macho entrega comida y baila sin garantía de aceptación. Se divierte sólo pero ama estar en pareja. **Indica:** utiliza tus capacidades de comunicación, son más fuertes de lo que crees. Confía en lo que sale de tu corazón. ¿Estás haciendo todo lo posible para lograr el éxito en la relación? ¿Estás disfrutando tu vida individual?

PERRO. Amor incondicional, fiel, leal, amigable, sociable, protector, territorial. **Indica:** el más poderoso mensaje es el amor incondicional, trata de sentirlo y darlo, el amor debe ir o llegar desde diferentes lugares, variedades y especies. Abre tu corazón, sé compasivo y comprensivo. Si es un perro agresivo quizá debas tener cuidado con las traiciones, la deslealtad, o poner atención especial en el cuidado de tus seres queridos.

RANA. Fertilidad, adaptabilidad, transformación. **Indica:** ¿qué es lo que quieres expandir en tu vida, en la preparación para una transformación? Tienes la oportunidad de un cambio desde la médula, pon atención, adáptate, se flexible y da a luz una nueva idea, proyecto, vida, oportunidad etcétera.

SALMÓN. Viaja de lejos para regresar a su hogar. Gran orientación y olfato. **Indica:** éxito por persistencia. Puedes ir por donde quieras y probar diferentes opciones, pero, ¿no estarás perdiendo el tiempo pues realmente ya encontraste lo que quieres? ¿Necesitas regresar a tus raíces para encontrar una respuesta? Un viaje hacia dentro de ti siempre aclara las cosas. Confía en tu olfato (intuición).

TIBURÓN. Ágil, sensible a las debilidades de los demás, feroz cuando desea a su presa. **Indica:** tiempo de ataque, de ser astuto, moverse rápido, aprovechar las circunstancias presentes. ¿Dónde puedes capitalizar tu poder?

TORTUGA. Movimientos lentos, avanza despacio. Protegida. **Indica:** no pierdas la fe. Persiste es lo que quieres, llegarás a los frutos. Los tiempos de Dios son perfectos. Puede ser tiempo de tomar precauciones en relación con los sentimientos o preguntarte si los estás protegiendo demasiado, al punto de no sentir. Lo mejor de la vida está en vivirla.

Vaca. Dócil, lenta, nutre, sirve. **Indica:** se amoroso y pacífico, es momento de entregar todo lo hermoso que hay dentro de ti, de servir a todos a tu alrededor sin olvidarte te ti, date amor y nutre tu corazón con las bellas cosas que la vida nos regala a cada momento.

VENADO. Pacífico y rutinario. Migración. Capacidad de mezclarse con el ambiente. **Indica:** ¿estás buscando un cambio?, ¿externo?, ¿interno? Sigue adelante y adáptate a las nuevas ideas, lugares o personas. Trata de no atraer mucha atención para evitar problemas. Muévete lento y sigiloso para conocer los terrenos.

VÍBORA. Devora de una sola vez. Aterrizada. Cambia de piel. **Indica:** hay que perder toda tu armadura, ideas, pensamientos, ego, enojos, miedos, para crecer. Transformación. ¿Estás tratando de aceptar (comer) más de lo que puedes? El que mucho abarca, poco aprieta. Mantén los pies en la tierra, deja las falsas ilusiones. ¿Te sientes preparado para estar vulnerable por un tiempo a fin poder crecer?

ZOPILOTE. Paciente. Cuando elije una presa, espera el momento perfecto para atraparla. Visión excepcional. Sabe perseguir a un grupo de animales en el que ha visto presas nuevas. **Indica:** sé flexible mientras esperas lo que deseas; ten paciencia, no te desesperes, lo que deseas llegará y entonces irás por ello con toda tu fuerza. Pon atención y escucha las opiniones de los demás, puede ser que ellos tengan las respuestas que buscas o te ayuden a alcanzarlas.

Glosario de términos y expresiones

AURA

Centros electromagnéticos de capas múltiples que rodean nuestro cuerpo físico. Conectan la energía universal a nuestros vórtices de energía conocidos como los chakras, los cuales a su vez comunican nuestras emociones, pensamientos y sentimientos con nuestro cuerpo físico.

CANALIZACIÓN

Capacidad de dirigir o permitir el flujo de la Inteligencia Divina, la energía curativa o la información espiritual a través de una persona que ayuda o aporta conciencia a otra persona, en su misión o en su camino en la vida.

CHAKRAS

Son los siete vórtices o ruedas de energía que se localizan justo afuera del cuerpo y hacen girar la energía moviéndose como si fueran peonzas. Cada uno de los chakras básicos resuena en una frecuencia de energía diferente, distribuyendo el prana o energía de la fuerza vital al cuerpo físico.

CONEXIÓN MENTE-CUERPO

Relación de las señales sensoriales dentro del cuerpo físico y la significación espiritual subyacente que la mente percibe a través de nuestras emociones conforme continuamos en

la trayectoria de aprender a amar incondicionalmente.

"EL SER AUTÉNTICO"

Es la verdadera fuerza energética de
vida o el espíritu de conciencia que
existe debajo de la piel. Tu verdadero yo, compuesto por cuatro dimensiones o partes esenciales: la mente, el
cuerpo, las emociones y el espíritu.

EGO

Parte de nuestra psique o personalidad que nos brinda autoestima y un
valor personal en comparación con los
demás. El ego nos permite interactuar
con otros en el mismo nivel de conciencia. Debemos mantener el ego en
equilibrio. En ocasiones, éste puede
volverse ilusorio, lo cual da como resultado que destaquemos demasiado
nuestro dios interno, pensando con
ello que somos el centro único del
universo y que no existe ningún otro
poder fuera de nosotros.

FUERZA VITAL

Energía que trae a las entidades inani-
madas, no vivas, a la vida. Chispa que
está activa en cada ser vivo, la cual se
manifiesta a sí misma por medio de
funciones de ondas energéticas diferentes.

"HABLAR CON TU VERDAD"

Capacidad de escuchar tu voz interior
(intuición) y obedecer, anunciando
con franqueza aquello en lo que crees,
sin tomar en cuenta las críticas o la
oposición que puedas encontrar.

INTUICIÓN

Parte de nuestras habilidades multi-sensoriales que se extiende más allá de los cinco sentidos. El conocimiento interior sobre un suceso, persona, lugar o cosa donde los sentidos son estimulados más allá de toda lógica. Cuando hablamos con Dios, llamamos a esto orar o rezar. Cuando es Dios quien nos habla, lo denominamos intuición.

MÉDICO INTUITIVO

Individuo que reconoce y sabe que posee dones extrasensoriales para recibir energéticamente información de otro individuo y humildemente brinda esa información a esta persona con el propósito de aportar una conciencia a su experiencia humana.

METAFÍSICO

Cambio de un conocimiento consciente, más allá de los cinco sentidos ordinarios, a uno que trasciende los sentidos. *Meta* significa más allá, mientras que "físico" se refiere al mundo que conocemos y percibimos con nuestros cinco sentidos.

MISIÓN

Es el talento o la dirección concedidos por Dios (que en ocasiones se conocen como "el llamado") que un individuo reconoce como don o habilidad únicos, y la contribución que hace en calidad de servicio a la humanidad y que va más allá de sí mismo.

ORDEN UNIVERSAL

Es la manera lógica, sistemática y previsible en que funciona el universo. Las leyes coherentes que han permanecido a lo largo de toda la existencia humana y la conciencia.

PERCEPCIÓN

Idea o entendimiento que hacemos de una cosa, persona o situación basándonos en nuestras propias creencias, ideas o educación. Por lo tanto, no son verdaderas más que para nosotros. Las percepciones de los demás estarán basadas en su propia realidad.

PRANA

Fuerza de la energía vital que es la chispa de la vida, la cual fluye a través de nuestros chakras energéticos y se filtra en todo nuestro ser físico y emocional.

VOZ INTERIOR

Se deja oír cuando el ruido y la estática cerebrales son aquietados en la cabeza durante el tiempo suficiente como para escuchar la voz del corazón que nos susurra, dulce y sinceramente.

Glosario de síntomas o padecimientos

A

Aborto espontáneo. Pérdida del feto antes de término.

Absceso. Acumulación de pus en un tejido orgánico.

Absceso periamigdalino. Acumulación de pus en la periferia de las amígdalas.

Adenoides. Inflamación de los ganglios linfáticos.

Addison. Deficiencia hormonal debido al daño de la capa externa de la glándula suprarrenal, causando hipofunción o insuficiencia córtico suprarrenal (corteza suprarrenal).

Acidez (gastritis). Sabor agraz de boca, producido por exceso de ácido en el estómago. Sobreproducción de los ácidos gástricos que resulta en un cambio del pH del estómago.

Acné. Enfermedad pilosebácea inflamatoria, frecuentemente caracterizada por comedones, pápulas, pústulas llenos de pus.

Albino. Condición congénita de ausencia de pigmentación (melanina) de la piel, ojos o pelo.

Almorranas (hemorroides). Cojines de tejido que revisten la parte inferior del recto. Tumoración en los márgenes del ano o en el tracto rectal, debido a várices de su correspondiente plexo venoso.

Alzheimer. Enfermedad por deficiencia bioquímica en que la persona pierde gradualmente la memoria.

Amigdalitis. Inflamación de las amígdalas.

Amnesia. Pérdida de la memoria, puede ser a corto, mediano o largo plazos.

Ampollas. Lesiones circunscritas que contienen líquido seroso.

Anales (problemas). Inflamación, infección, fístulas o cáncer en zona anal.

Anemia. Empobrecimiento de la sangre por disminución de su cantidad total, como ocurre después de las hemorragias, o por enfermedades, hereditarias o adquiridas, que amenguan la cantidad de hemoglobina o el número de glóbulos rojos.

ANOREXIA. Falta anormal de apetito.

APOPLEJÍA. Pérdida de conciencia causada por un bloqueo de las arterias cerebrales, que provoca una parálisis parcial en cualquier parte del cuerpo.

ARTERIOSCLEROSIS. Endurecimiento de las arterias.

ARTRITIS. Inflamación de las articulaciones.

ARTRITIS GOTOSA. Acumulación de ácido úrico en las articulaciones.

ARTRITIS REUMATOIDE. Síndrome crónico caracterizado por una inflamación inespecífica generalmente simétrica, de las articulaciones periféricas.

ASMA. Enfermedad de los pulmones que se manifiesta por sofocaciones intermitentes.

ASTIGMATISMO. Turbación de la vista por desigualdad en la curvatura del cristalino.

B

BOCIO. Tumor en el cuello producido por la hipertrofia de la glándula tiroides.

BRIGHT (SÍNDROME). Trastornos que pertenecen al grupo de enfermedades no supurativas o degenerativas renales que se caracterizan por la presencia de proteínas, principalmente albúmina, y sangre en la orina.

BURSITIS. Inflamación de las bolsas sinoviales de las articulaciones.

C

CÁLCULOS BILIARES. Concreción anormal que se forma en la vesícula biliar o en los conductos biliares.

CANDIDIASIS. Infección de la piel y las mucosas producida por hongos de cándida. Puede llegar a ser patógena si el microorganismo prolifera gracias a un medio favorable y defensas bajas.

CARBÚNCULOS. Son grupos de furúnculos (vea furúnculos). Aparecen usualmente en la parte posterior del cuello o muslo.

CÉLULAS FALCIFORMES. Deficiencia que provoca que los glóbulos rojos fabriquen una hemoglobina anormal.

CELULITIS. Inflamación aguda, difusa y extensa de los tejidos sólidos caracterizada por hiperemia, edema sin necrosis celular.

CONSTIPACIÓN. Acumulación de mucosa y exceso de fluido generalmente en el área nasal.

CONTUSIONES. Aplastamiento y rotura de vasos sanguíneos de un músculo, generalmente a un nivel superficial.

CORAZÓN (ATAQUE). Bloqueo arterial que resulta en hipoxia de las células musculares del corazón.

CORONARIAS (PROBLEMAS DE). Mal funcionamiento de las arterias del corazón.

CRUP (ENFERMEDAD). Inflamación viral aguda de las vías respiratorias superior e inferior.

CUSHING (ENFERMEDAD). Hiperfuncionamiento de la corteza suprarrenal, puede ser dependiente de la ACTH o de exceso de cortisol.

D

DEMENCIA. Destrucción gradual de la función intelectual.

DIABETES. Enfermedad caracterizada por una gran secreción de orina cargada de glucosa.

DISTROFIA MUSCULAR. Grupos de trastornos musculares progresivos relativos al crecimiento y a la nutrición de etiología desconocida.

DOLORES CRÓNICOS. Dolores que se han padecido durante más de seis meses.

E

ECCEMA. Afección cutánea caracterizada por vesículas rojizas y exudativas, que dan lugar a costras y escamas.

EDEMA. Hinchazón blanda de una parte del cuerpo que cede a la presión y es ocasionada por la serosidad infiltrada en el tejido celular.

EMBOLIA. Interrupción repentina del flujo de sangre a un órgano o parte del cuerpo debido a un coágulo (émbolo).

ENANISMO. Talla anormalmente baja debida a una hipofunción de la hipófisis anterior.

ENCÍAS SANGRANTES (EN EXCESO). Puede desarrollarse en gingivitis o periodontitis.

ENFISEMA. Dilatación anormal de las ramificaciones bronquiales.

ENURESIS NOCTURNA. Pérdida de orina nocturna involuntaria.

EPILEPSIA. Enfermedad caracterizada por convulsiones y pérdida del sentido.

ESCLERODERMIA. Enfermedad crónica de causa desconocida caracterizada por fibrosis difusa.

ESCLEROSIS MÚLTIPLE. Deterioro del sistema nervioso que se caracteriza por parálisis de los grupos musculares afectados por las zonas de desmielinización.

ESCOLIOSIS. Desviación lateral sufrida por la columna vertebral.

ESCROTO (INFLAMACIÓN). Inflamación de la piel que cubre los testículos.

ESGUINCE. Torcedura de una coyuntura.

F

FIBROMAS. Tumores.

FIBROSIS QUÍSTICA. Enfermedad hereditaria que causa infecciones pulmonares, dificultades en la absorción de alimentos y restricciones en el crecimiento de los niños.

FÍSTULA. Conducto anormal, ulcerado y estrecho que se abre en la piel o en las membranas mucosas.

FLEBITIS. Inflamación de la membrana interna de las venas.

FRACTURAS. Ruptura parcial o total del hueso por trauma o patología.

FRIGIDEZ. Carencia en la mujer del deseo y el placer sexual.

FURÚNCULOS. Son zonas inflamadas y dolorosas alrededor de los folículos pilosos, generalmente en el cuello, los senos, las nalgas y la cara. Son lesiones que contienen pus, dolorosas y de consistencia firme. Suelen localizarse también en el área de la cintura, la ingle y las axilas.

G

GIGANTISMO. Enfermedad hormonal causada por la excesiva secreción de la hormona del crecimiento, durante la edad del crecimiento, antes de que se cierre la epífisis del hueso.

GLÁNDULAS SUPRARRENALES (FATIGA EN). Son glándulas endocrinas, con forma de triángulo, situadas encima de los riñones, cuya función es regular las respuestas al estrés.

GLAUCOMA. Endurecimiento del globo ocular producido por el aumento de la presión interna que lleva consigo una disminución de la visión y dolores de cabeza.

GONORREA. La gonorrea es una enfermedad de transmisión sexual (ETS) causada por la *Neisseria gonorrhoeae*, bacteria que puede crecer y multiplicarse fácilmente en áreas húmedas y tibias del aparato reproductivo, incluidos el cuello uterino, el útero y las trompas de Falopio en la mujer, y en la uretra en la mujer y el hombre. Esta bacteria también puede crecer en la boca, la garganta, los ojos y el ano.

GOTA. Acumulación de cantidades anormales del acido úrico.

GOTEO POSTNASAL. Flujo mucoso, claro y continuo de la nariz.

GRIPE O RESFRIADO. Enfermedad epidémica aguda, con diversas manifestaciones como dolor de cabeza, sopor, dolores en músculos y huesos, fiebre y escalofríos.

H

HALITOSIS. Acumulación de bacterias putrefactas en la boca, esófago o estómago.

HEMORROIDES. Várices de las venas del ano.

HENO (fiebre del). Estado alérgico, propio de la primavera o el verano, producido por la inhalación del polen o de otros alergenos.

HEPATITIS. Inflamación del hígado.

HERNIA. Tumor blando producido por la salida parcial o total de vísceras a través de la membrana que las encerraba.

HERPES GENITAL. Enfermedad causada por un virus que produce erupciones o abscesos en los genitales.

HERPES ZOSTER. Erupción cutánea que consiste en la aparición de granillos o vejiguillas muy apiñadas.

HIDROFOBIA. Temor al agua que causa un estado de paralización.

HIPERTIROIDISMO. Hiperactividad tiroidea con secreción exagerada de la hormona tiroidea.

HIPERVENTILACIÓN. Respiración muy rápida o muy profunda que causa un desequilibrio entre el oxígeno y el bióxido de carbono.

HIPÓFISIS (PROBLEMAS). Glándula endocrina situada debajo del encéfalo y que produce numerosas hormonas.

HIPOTIROIDISMO. Trastorno resultante de una deficiente acción periférica de la hormona tiroidea.

HODGKIN (ENFERMEDAD DE). Tipo de cáncer en el sistema linfático.

HOMBROS ENCORVADOS. Postura anormal de la columna vertebral, particularmente en el área de la espina dorsal.

I

ICTERICIA. Enfermedad producida por la acumulación de pigmentos biliares en la sangre, cuya señal exterior más perceptible es la amarillez de la piel y de las membranas conjuntivas.

ILEÍTIS. Inflamación de la articulación sacro iliaca.

INCONTINENCIA. Incapacidad de controlar el esfínter urinario.

INFLEXIBILIDAD. Incapacidad de mover una articulación dentro de su rango de movimiento.

INFLUENZA. Infección viral aguda.

L

LEPRA. Enfermedad infecciosa crónica de la piel, los nervios de las manos y los pies, y las membranas de la nariz causada por un *Mycobacterium leprae*.

Leucemia. Cáncer en la sangre por aumento de glóbulos blancos.

Leucorrea. Trastornos inflamatorios que afectan la mucosa vaginal y a menudo secundariamente la vulva.

Linfáticos (problemas). Mal funcionamiento del sistema inmunológico.

Lupus. Enfermedad cutánea de carácter tuberculoso.

M

Mal aliento. Olores bucales que resultan de la acumulación o proliferaciones anormales de bacterias intestinales u orales.

Mastoiditis. Inflamación de la apófisis mastoide.

Meningitis. Inflamación de las meninges del cerebro o de la médula espinal.

Migraña. Dolor de cabeza severo que incluye dolor de un ojo o un lado de la cabeza.

Mononucleosis. Es una enfermedad infecciosa causada por el virus de Epstein Barr.

N

Narcolepsia. Imposibilidad para mantenerse despierto.

Nefritis. Inflamación de los riñones.

Nerviosa (depresión). La depresión nerviosa es un estado anímico acompañado por una tristeza profunda e inmotivada, y la inhibición de todas las funciones psíquicas.

Nervioso (colapso). Un derrumbe total donde el sistema nervioso no se puede calmar.

Neuralgia. Dolor de los nervios.

Neuritis. Inflamación de uno o varios nervios.

Nódulos. Tumores duros y redondeados producidos por un tejido del cuerpo.

O

Osteomielitis. Inflamación simultánea del hueso y de la médula ósea.

P

PANCREATITIS. Inflamación del páncreas.

PARKINSON. Afección que se caracteriza por temblor y rigidez muscular.

PETIT MAL. Convulsiones.

PIORREA. Inflamación o degeneración de los tejidos que rodean y sostienen los dientes.

PITUITARIA (GLÁNDULA "MAESTRA")(PROBLEMAS). Controla las funciones de las otras glándulas endocrinas (sistema hormonal).

POLIO. Enfermedad que afecta al sistema nervioso central, causa inflamación en las neuronas motoras de la médula espinal y del cerebro, y lleva a la parálisis, atrofia muscular y muy a menudo deformidad.

PRESBICIA. Problemas para ver de cerca, no enfocar objetos, problemas para leer de cerca, dolor de cabeza, dolor ocular, etcétera.

PSORIASIS. Enfermedad inflamatoria crónica de la piel, no contagiosa, produce lesiones escamosas, engrosadas e inflamadas.

Q

QUERATITIS. Inflamación de la córnea transparente.

QUISTES. Tumores benignos de crecimiento lento.

R

RAQUITISMO. Deficiencia y dependencia de vitamina D.

REUMATISMO. Enfermedad que suele manifestarse por inflamaciones dolorosas en las articulaciones o por dolores en los músculos.

S

SARNA. Enfermedad contagiosa de la piel que consiste en multitud de vesículas y pústulas diseminadas por el cuerpo.

SARPULLIDO. Consiste en la obstrucción de las glándulas sudoríparas que ocasiona una infección en la piel.

Senilidad. Propio de la vejez.

Senos paranasales (problemas). Concavidades localizadas en la nariz por donde entra el aire a los pulmones.

Sífilis. Enfermedad infecciosa, endémica, crónica y específica causada por el *Treponema pallidum*, adquirida por contagio o transmitida por alguno de los progenitores a su descendencia.

Síndrome premenstrual. Cambios del humor, temperatura corporal, calambres abdominales, dolores en las articulaciones y malestar general.

T

Tenia. Gusano estomacal.

Tétanos. Enfermedad muy grave producida por un bacilo que penetra generalmente por las heridas y ataca el sistema nervioso produciendo dolorosas contracciones musculares.

Timo (problemas). Glándula del sistema linfático y endocrino que constituye uno de los controles centrales del sistema inmunitario del organismo.

Tinnitus. Zumbido en los oídos.

Tiña. Infecciones superficiales causadas por dermatofitos (hongos) en la piel.

Tiroides (problemas). Glándula endocrina situada delante de la tráquea que produce la tiroxina que interviene en el crecimiento y el metabolismo.

Tonsilitis (amigdalitis). Inflamación de las amígdalas.

Trismo. Contracción tónica de los músculos masticatorios que produce la oclusión forzosa de la boca; síntoma del tétanos y a veces considerado como sinónimo de éste.

Trombosis coronarias. Presencia de un trombo en una vena.

Tuberculosis. Enfermedad infecciosa, contagiosa, causada por un microbio especial llamado bacilo de Koch. Puede ser pulmonar, laríngea o intestinal.

U

ÚLCERA PÉPTICA. Úlcera en el estómago o en cualquier parte del sistema digestivo.

URTICARIA. Enfermedad eruptiva de la piel caracterizada principalmente por una gran comezón.

V

VAGINITIS. Inflamación de la vagina.

VÁRICES. Inflamación de las venas.

VENÉREAS. Enfermedades de contagio sexual.

VIRUELA. Es una enfermedad infecciosa grave, contagiosa, causada por el *Variola virus,* que provoca abultamientos en cara y cuerpo. Erradicada en 1979.

VISTA CANSADA. Problemas para ver de cerca, no enfocar objetos, problemas para leer de cerca, dolor de cabeza, dolor ocular, etcétera. Presbicia.

VITILIGO. Pérdida de pigmentación en la piel con la consiguiente aparición de antiestéticas manchas blancas.

Acerca del autor

El doctor Jim Bourque Starr abrió su primera clínica quiropráctica en 1979, después de graduarse en Los Angeles College of Chiropractic. Llegó a manejar de manera simultánea y con gran éxito cinco clínicas ubicadas a lo largo de la Costa Central de California. En la *más oscura noche del alma en su vida*, el doctor Jim recibió el mensaje inspirador que le permitió crear *InTuiTouch*, una técnica de sanación a través de la intuición y el toque energético. Actualmente viaja adonde sea necesario para compartir su mensaje, transmitiendo ese sencillo método de sanación. Este libro, así como los seminarios y conferencias que le han seguido, son la evolución de su mensaje. Ha sido entrevistado en programas de la televisión estadounidense y en programas de radio. Ha impartido conferencias en incontables centros de salud natural y hospitales.

El doctor Bourque es también autor de otras dos obras importantes: *InTuiTouch. La sanación a través del regalo de la intuición y el arte del tacto*, en la que brinda consejos útiles para mantener la salud y la vida a través de las cuatro dimensiones de "tu ser auténtico": la mente, las emociones, el cuerpo físico y el espíritu; cambiar la energía de los chakras y balancear el cuerpo son las claves de la salud. La otra obra, que saldrá próximamente, es una serie de pequeñas guías: *Salva tu planeta, Guía sencilla para tu ser interior; Encuentra el amor, Guía sencilla para tu ser interior; Luce un cuerpo sano y esbelto, Guía sencilla para tu ser interior; El secreto de la felicidad, Guía sencilla para tu ser interior; Quiero meditar, Guía sencilla para tu ser interior; Cómo atraer $$$$$, Guía sencilla para tu ser interior; ¿Qué es ser espiritual?, Guía sencilla para tu ser interior*. Son manuales prácticos y divertidos pero con mensajes claros para ayudarnos en el crecimiento personal.

Actualmente está desarrollando un proyecto mundial llamado H.O.P.E. 2012, que aborda el despertar espiritual, abrir nuestros corazones y empezar a cuidar y compartir sin egoísmos a nuestro hermoso planeta.

Esta obra se terminó de imprimir
en septiembre de 2013, en los Talleres de

IREMA, S.A. de C.V.
Oculistas No. 43, Col. Sifón
09400, Iztapalapa, D.F.